[美] 卡罗琳·弗罗因德 / 著
（Caroline Freund）
刘宝成 / 译

商业巨头经济

巨型企业、
巨额财富与经济发展

中信出版集团 | 北京

图书在版编目（CIP）数据

商业巨头经济：巨型企业、巨额财富与经济发展 / (美) 卡罗琳 · 弗罗因德著 ; 刘宝成译 . -- 北京 : 中信出版社 , 2020.7

书名原文 : Rich People Poor Countries-The Rise of Emerging-Market Tycoons and their Mega Firms

ISBN 978-7-5217-1513-2

Ⅰ . ①商… Ⅱ . ①卡… ②刘… Ⅲ . ①私营企业-企业管理 Ⅳ . ① F276.5

中国版本图书馆 CIP 数据核字（2020）第 034510 号

商业巨头经济：巨型企业、巨额财富与经济发展

著　　者：[美] 卡罗琳 · 弗罗因德
译　　者：刘宝成
出版发行：中信出版集团股份有限公司
（北京市朝阳区惠新东街甲 4 号富盛大厦 2 座　邮编　100029）
承 印 者：中国电影出版社印刷厂
开　　本：880mm × 1230mm　1/32　　印　张：7.875　　字　数：192 千字
版　　次：2020 年 7 月第 1 版　　印　次：2020 年 7 月第 1 次印刷
京权图字：01-2019-4094　　广告经营许可证：京朝工商广字第 8087 号
书　　号：ISBN 978-7-5217-1513-2
定　　价：49.00 元

目　录

中文版序

自本书英文版出版后，在世界大变局中，时至今日，本书中所论述的关于巨额财富与巨型企业的趋势依然适用。新兴经济体中不断涌现新的超级富豪，其中大多数是通过创立创新型的巨型企业而积累其财富的。同时，我们也看到，部分经济体中的大量财富依然受制于非生产性的积累。

在全球经济与国际贸易面临增长困境的背景下，亿万富豪数量却持续增长，其中来自新兴经济体的亿万富豪数量增长尤为迅猛。2014 年，全球 1 645 名亿万富豪中，43% 来自新兴经济体；时至 2020 年，全球共有 2 095 名亿万富豪，来自新兴经济体的占比增至 46%。

2014 年，美国与中国的亿万富豪数量占全球总数的 43%；到 2020 年，这一数值上升至 52%。这期间，美国的亿万富豪数量占比基本保持在 30% 左右；有赖于强劲的经济增长态势，中国亿万富豪数量占比从 13% 上升至 22%。

科技领域日益成为全球超级富豪的聚集地。亚马逊创始人杰夫·贝索斯以 1 130 亿美元的巨额财富问鼎全球亿万富豪榜，阿里巴巴创始人马云以 388 亿美元的财富夺得中国首富。同时，科技领域也成为新兴超级富豪的诞生地，新冠肺炎疫情促使远程办公与视频会议需求暴增，使得 Zoom（一站式交互视频技术服务平台）创始人袁征首次进入亿万富豪榜。随着中国国内消费市场的稳步增长，快销品行业不断诞生新的超级富豪，其中包括"耕植全球最大猪肉消费市场"的牧原集团董事长秦英林，以及"饮料大王"宗庆后。（福布斯全球亿万富豪榜，2020 年）

巨型企业依然是创造就业与提升生产力的主力军。与此同时，对维护市场公平与良性竞争的重视日益引发人们对商业巨头的关注，这在部分发达经济体中尤为突出。新冠肺炎疫情使得巨型企业的利弊格外透明，提供生活必需品与服务的巨型企业成为人们的"生命保障线"，其中尤为突出的是那些大型电子商务平台，消费者足不出户便能购买品类众多的商品及服务。与此同时，这次危机也让人们深切感受到这些巨型企业的行业垄断实力，特别是那些平台型科技巨头。在疫情给正常经济社会生活带来巨大冲击的环境下，随着巨型企业的持续增长，大量中小企业却无力回天，这将对市场公平竞争环境产生极大的破坏。

石油与大宗商品价格的持续走低，使得那些凭借资源以及政治关系而暴富的超级富豪的财富极度缩水。

展望未来，本书所得出的结论依然中肯。能实现有效增长且创造大量就业的创新型企业，是经济增长的根本源泉，为确保其生命力，需要不断优化有利于这类企业创办、成长并实现跨境贸易的市场环境。

与此同时，我们需要认识到财富是把双刃剑。那些通过继承遗产或依靠政治关系而获取巨额财富的行为，并不能实现有效的经济增长，在一定程度上反而会产生负面的影响。在全球经济疲软且公共资源相对紧缺的时期，政府部门应当考虑适度调整遗产税的征收比例，并加大反腐力度，严防浑水摸鱼、中饱私囊，以确保巨型企业的成长与巨额财富的积累回归到促进经济社会良性发展的轨道上来。

最后，在本书中文版面世之际，我要特别感谢译者刘宝成及其团队所付出的努力。陈暄贻、郝凯、何玉婷、李嘉鹏、刘创、刘洋、尚丽娜、唐冬琴、田佳、吴倩倩、杨丽敏参与了本书的初译工作，在此对他们表示衷心的感谢。

卡罗琳·弗罗因德

2020 年 5 月

前　言

占全球人口千万分之一的顶级富豪赚取了海量的财富，且不论他们的财富是否取之有道，政界、学界和媒体无不将其视为一大挑战。时至今日，全球范围内的财富仍在加速集中，超级富豪占据的份额确实达到了令人咂舌的地步：在 1996—2014 年的这 18 年，超级富豪的财富增长率超过了 500%，而同期的全球总收入仅增长了 148%。富豪越来越富有，而穷人和中产阶级的财富（如果有的话）却停滞不前，这种贫富分化的趋势引起了世人的担忧。

对此，卡罗琳·弗罗因德（Caroline Freund）却另有一番见解。她提醒说，很多情况下，巨额财富的集聚未必是一件坏事，如果它体现了对重大创新的回报，则表明社会运行在良性发展的轨道上，所以问题的关键取决于巨额财富究竟涌向了哪类人群。通过研究世界富豪积累财富的方式，弗罗因德试图揭示财富新贵阶层到底是通过创新，依靠继承遗产，还是通过巴结权势而积累其财富。

其结果令人惊讶！新兴经济体的财富增长速度远超过发达国家，而两者的主要差异在于，发达国家中，依靠财富继承和白手起家的富豪比例大致相当，而新兴经济体的财富新贵主要是白手起家的男性（也有少数女性）。更为重要的是，在这些新兴经济体的白手起家的新贵群体中，财富增长最快的是那些创新者，是那些积极融入全球市场的大型企业的创始人。通过促使劳动力从农村转移到城市，大型企业及其管理者帮助其所在的经济体实现了现代化。相比而言，发达国家的财富积累和整体发展态势往往停滞不前，尤其是盎格鲁国家，已经呈现出一些令人担忧的颓势。

弗罗因德向我们展示了颇具说服力的素材，证明创新者所创建的全球性企业，对所有经济体的增长和现代化都至关重要。她收集整理了大量企业层面的数据，并汇集了众多实证素材，通过一个又一个案例，证实了生产要素在特定企业间的合理调配对于经济增长的重要性。生产力的提升不仅是技术进步的结果，更重要的是促进了企业间生产要素配置效率的提高。国家越富有，汇集到大型企业中的劳动力份额就越高。当经济发展与大型企业的扩张紧密联系在一起时，大型企业就顺理成章地担当了出口引擎的角色。如果高效的企业获得更多的资本，那么其劳动产出必然更高，提供的就业机会也会更多，同时员工薪酬也会相应提高。

人们普遍认为，中小企业是创新的关键，因此应得到政策的倾斜，然而，大型企业在促进经济增长方面却发挥着更为重要的作用。弗罗因德的研究结果同时表明，就企业规模而言，对发展中国家“中间断层”的担忧并无事实根据。事实上，发展中国家亟须出口导向型的大型企业。本书的论点是，高效的经济增长需要资源无缝地流向效率最高的企业，使之尽快做大做强。这并不意味着政府应该偏袒大型企业，而是要确保清除制约优质企业成长的不利因素。同时，降低企业的准入门槛至关重要，这将有助于具有竞争力的新创企业顺利进入市场并快速成长。对外贸易也是很关键的一个因素，它将引导生产要素向最高效的地方聚集，并为竞争力强的企业提供足够广阔的市场发展空间。放眼过往成功的工业化进程以及当代成功崛起的经济体（以及新兴经济体中成长起来的众多富豪），诸多实例均见证了这样的论断：营商环境的改善和对外贸易的扩展共同促进了大型企业的腾飞（以及财富新贵阶层的产生）。弗罗因德通过对当今企业层面数据的实证分析，加之与19世纪末美国镀金时代的经济发展经验相对比，证明了新兴经济体的崛起在很大程度上归功于商业巨头的涌现。

彼得森国际经济研究所是一家民间的、政治中立的非营利性机构，致力于对国际经济政策进行严谨、理性、开放的深入研究及探讨。其主旨在于以全球化为背景，识别和分析那些持续影响美国和世界其他国家人民造就福祉的重要问题，并提出和探讨应对这些问题的有效方式和创新方法。

研究所的工作依赖多元化的资金支持，包括慈善基金会、民营企业和个人的赞助，以及研究所自有基金的收益。在2014财年，研究所约35%的资金来源于美国以外的捐助者。本书是研究所“不平等与包容性资本主义”项目研究成果的一部分，该项目得到了罗斯柴尔德基金会的慷慨捐赠。2014财年，所有捐助者名单都公示于研究所网站：http://www.piie.com/supporters.cfm。

研究所董事会执行委员会全面负责研究所的发展方向，为其研究计划提供总体指导及核准工作，并评估项目的执行效果。研究所所长负责与研究人员、董事会成员及其他利益相关方密切合作，根据时事发展确定中短期（1—3年）的重点研究课题。

在经过独立的内外部审查之后，所长最终决定是否公开出版某项研究成果。感兴趣的读者可以在www.piie.com网站上搜索标题，获取研究所发布的报告以及相关数据和计算方法，以进行后续的研究和验证。

彼得森国际经济研究所希望通过研究及相关活动，为全球经济政策的制定奠定更坚实的基础。为了更好地达成这一目标，我们诚邀各位读者向我们提出有益的意见和建议。

亚当·S. 珀森（Adam S. Posen）

彼得森国际经济研究所所长

2015年11月

概　览

1999 年，中国杭州的一位英语教师在他的公寓里开办了一家企业，将中国小型出口商与海外潜在的客户连接起来。这位教师名叫马云。他的企业——阿里巴巴，为他铸就了曾经成为中国首富的辉煌。创业之初，只有 18 位朋友和学生与马云一起创业，如今阿里巴巴已成为一家拥有 24 000 名员工的企业巨头，其销售的商品超过了亚马逊和 eBay（易贝）的总和。2014 年 9 月，阿里巴巴成功上市，成为全球有史以来最大规模的 IPO（首次公开募股），市值超过了脸书（Facebook）。几个月后，阿里巴巴的市值就超过了沃尔玛和通用电气，马云的身价也跃升至 210 亿美元之巨。

在从事一段时间的药物分销工作之后，印度小伙迪利普·桑哈维（Dilip Shanghvi）从他父亲那里借到了 10 000 卢比（在 20 世纪 80 年代约为 1 000 美元），于 1983 年创办了太阳制药（Sun

Pharma）。他的企业生产一种可治疗双相情感障碍的锂片药物。该企业于 1987 年开始销售产品，1989 年开始对外出口，1991 年开始投入自主研发。1994 年，太阳制药成功上市，2014 年市值达到 270 亿美元，将桑哈维（身价达 128 亿美元）推上了印度第二富豪的宝座。时至今日，太阳制药仍然位居印度制药企业的榜首，拥有 16 000 名员工。

1959 年，15 岁的艾哈迈德·那齐夫·佐鲁（Ahmet Nazif Zorlu）从高中辍学，之后进入其家族在土耳其巴巴达格（Babadag）的一家小型纺织厂工作。巴巴达格是一个小山村，规模相当于弗吉尼亚州的卢瑞镇（Luray）。20 世纪 70 年代中期，佐鲁变成了工厂老板。他大力推进技术创新，整合物流，进军全球市场，将公司转型为生产窗帘和聚酯纱线的大型工厂。到 90 年代，公司的这些产品在全球市场中占据了举足轻重的地位。佐鲁将现代生产技术和分销方式应用于纺织品经营，并扩张至其他行业。收购破产的电器制造商伟视达（Vestel）使其名噪一时。通过一系列重组改革，到 2000 年，新公司已经占领欧洲四分之一的电视机市场，并成为洗衣机和冰箱的主要出口商。佐鲁集团（Zorlu Group）的员工数量高达 30 000 人，出口总额占土耳其制造业的 3% 以上。佐鲁的身价也达到了 20 亿美元。

这三个成功创业的故事，都与近年来发展中国家传统的致富之道不同。这些例子表明，致富并不一定就是一些裙带关系、不公平的商业优势或控制自然资源、垄断和政治偏袒的行为结果。事实上，财富新贵阶层的崛起证明，创新、创造力、原创性和商业运作已不再是发达国家的专属。财富新贵阶层在提供就业机会方面创造了令人钦佩的纪录，在不加重中下阶层经济压力的同时，提高了人们的整体生活水平，维护了经济的稳定。而在此之前，这些国家在这些领域并不总是能够取得成功。

马云、桑哈维和佐鲁的例子只是这幅磅礴画卷的一小部分。在中国，像华为、联想、阿里巴巴、小米、中兴、海信和腾讯等全球知名企业，其领导者的身价都超过数十亿美元。目前，知识和技术密集型产业的产值占中国 GDP（国内生产总值）的 20%，其中 80% 都是由民营企业创造的。桑哈维只是印度众多制药企业的领导者之一，雷迪博士实验室（Dr. Reddy's Laboratories Ltd.）、西普拉（Cipla）、鲁宾（Lupin）、奥罗宾多制药公司（Aurobindo）、卡迪拉医药保健（Cadila）、吉友联生命科学（Jubilant）、易普咖实验室（Ipca）、托伦特制药（Torrent）和沃克哈德（Wockhardt）都已进入印度最大制药企业行列。这些企业的年销售额都超过 10 亿美元，其中大部分企业在印度以外都设有生产工厂，这些企业的创始人大多成为亿万富豪。印度现在是世界上第三大药品生产国。

有赖于佐鲁和其他家电生产商的成功，土耳其在欧洲以生产高性价比的耐用消费品而闻名。在土耳其，伟视达连同 KOC 集团旗下品牌阿奇立克（Arcelik）、倍科（Beko），为土耳其贡献了 8% 的 GDP 和 10% 的出口额。KOC 集团成为《财富》世界 500 强中唯一的土耳其企业，KOC 家族也是土耳其最富有的家族之一。

在新兴经济体①中，创办大型企业的实业家越来越多。这种井喷式的现象是21世纪的新生事物，在此之前，发达国家之外的绝大多数超级富豪，往往是通过财富继承、资源开发，或借助政府关系获取垄断优势，或者是在私有化进程中获得不正当利益起家的，而不是依靠生产性的投资。这些所谓的寻租者，并不是通过非凡的才能或创新力，而是借助商业投机或政府关系而获得巨额财富。

新兴经济体中，越来越多成功建立大型企业的企业家正在变得非常富有。许多企业日益加快进入全球市场的步伐，成为争夺全球客户和投资机会的新生力量。2004年，《福布斯》全球亿万富豪榜的587名富豪中，仅有20%来自新兴经济体。10年后，全球1 645名富豪当中，来自新兴经济体的比例已经达到了43%。在此期间新增的500多位新兴经济体的富豪中，非资源垄断型、非金融类的企业创始人的增速远远超过其他群体。

企业百强榜的变化也呈现类似的变化趋势。2014年《财富》世界500强名单中，来自新兴经济体的企业占30%，是10年前的两倍多；《福布斯》全球企业2000强，就是全球最大的2 000家企业的排行榜单。这些都揭示了同样的发展趋势。鉴于目前的态势，到2025年，预计来自新兴经济体的企业及富豪将占据

① 发展中国家、新兴经济体和南方国家可交换使用，指的是除经济合作与发展组织中高收入国家之外的国家。先进国家、发达国家和北方国家指的是经济合作与发展组织中的发达国家。

《财富》世界500强企业的45%和全球富豪榜的50%。

这些商界领袖不断推动新兴经济体的发展壮大。与寻租和继承不同，创新企业创造的财富份额越来越大，带动了不断增长的就业机会与经济繁荣。与此同时，其影响力已超越了本土市场的范畴。许多企业家将产品推向国际市场，在世界各地建立子公司，强化全球竞争力。虽然房地产和资源所有者的财富依然份额巨大（更多表现为财富分配，而不是投入再生产），但发展中国家的大型创业企业却发展迅速。

巨头经济学：巨型企业、巨额财富与经济发展

本书认为，在经济发展过程中，巨型企业的创建以及与之伴生的巨额财富积累是不可或缺的部分。无数的案例表明，随着各国经济的发展，部分充满活力的企业会迅速成长为巨型企业，同时也迅速充盈了其创始人的财富。虽然外商投资会催化这一进程，但经济转型的起点还是出现在国内巨型企业崛起之时。新兴企业的创始人并不满足于占领本土市场，随着企业规模的扩大，他们越来越多地瞄准全球市场，着手在世界各地建立生产基地，或者斥资并购发达国家的老牌企业。

成功的企业不仅仅是经济发展的产物，它们也会反过来促进经济发展。新兴经济体的企业及其创始人通过创造更多更好的工作机会，为其所在经济体的发展贡献力量。其通过将生产要素从自给自足的农业生产转移至制造业和服务业，加速了中产阶级的

产生和成长，继而促进了以农业为基础的欠发达经济体进入转型升级的轨道。在过去的200年中，所有经历过高速发展的国家或地区，都出现过某种形式的“商业巨头经济”，这种现象并非巧合。

理论上，巨额财富并不是经济发展的必要因素，即便没有巨额财富的积累，国家中的大多数企业也能以相当的速度成长壮大，为多数人带来一定的财富。但现实中这种情况并不存在。相应地，国有企业亦可推动工业化进程，不过，这类企业在实现可持续增长方面缺乏应有的活力。为实现超过10年的强劲增长，需要依靠充满活力的民营企业，用新创企业取代孱弱的企业，有实力的企业成长为大型企业。事实上，越来越多的证据表明，相比国有企业的发展壮大，或一国中大多数企业的相对匀速增长，少数优秀民营企业的快速发展对经济的支撑作用更强。这些企业中最聪明、最进取和最幸运的创始人则应势成为超级富豪。

少数几家大型企业驱动经济发展的重要性，体现了经济学的第一基本原理：当资源处于稀缺状态时，资本和劳动力的集约配置，对于释放一个经济体的产出潜能至关重要。时至今日，经济学家还普遍认为，资本和劳动力在产业间的布局对于经济增长具有决定性作用。如果资本和劳动力流向效率最高的产业，其整体经济就会高速发展。企业层面的最新数据证明，即使在同一产业，某些企业的效率也会远远高出同行。因此，要想获得更加强劲的增长，资本和劳动力不仅需要流向效率最高的产业，而且必须流向这些产业中效率最高的企业。例如，如果服装产业的资本回报率高于食品产业，要获得营收的增长，不仅需要将资本从食品产业转移到服装产业，还要将生产资料投入到效率最高的服装企业。因此，少数几家能够高效利用资本和劳动力的商业巨头，是经济发展的一个重要因素。

本书架构

本书分为四个部分。第一部分将对超级富豪及其财富来源进行分类，包括：财富继承者；企业创始人；企业高管；依靠政府关系发家的富豪（他们的巨额财富来源于自然资源的垄断、私有化或与政府的关系），即寻租类的富豪；金融和房地产业的富豪。

通过建立这一分类标准与体系，我们得以发现一个令人惊叹的现象：在2001—2014年间，新兴经济体中企业创始人和高管富豪的比例发生了巨大的变化（发达国家中，这两类人群的比例略有下降）。2014年，新兴经济体的超级富豪中，企业领导者的人数是2001年的两倍。即便在此期间，商品价格飞涨，许多新兴经济体的资金和劳动力转向了寻租类产业，但这一变化的趋势依然锐不可当。与新兴经济体的情况相反，尽管新技术巨头时有显现，但是发达经济体中类似的变化却微乎其微。本书的第一部分聚焦于东亚这一最具经济活力的地区，分析了东亚地区推动该变化的主要产业和国家动力；同时，考察中东和北非的情况，因为在所有新兴经济体中，这里是唯一出现财富继承比例扩大而企业创始人份额下降的地区。

第二部分考察了大型企业以及个别明星企业的财富积累在经济增长过程中所做出的贡献。许多新兴经济体的发展呈现出三个重要的趋势：巨型企业的崛起，巨额财富的集聚以及收入的快速增长。相关数据表明，这三种趋势是紧密相关的。最新研究表明，当经济发展态势良好时，效率最高的企业普遍增长迅速。经济的发展有赖于生产要素在高效的企业中合理分配，并促使其成长为巨型企业。巨型企业的发展，进一步将劳动力从田间劳作吸引到工业生产中来，这又助力其所在国家经济结构的转型升级。凭借丰富的经验和超群的能力，这些企业积极融入国际市场参与更大范围的竞争，从而获得蓬勃的发展动力。随着这些企业聚集越来越多的优质资源，其创始人的财富也在不断增长。

新兴经济体中巨型企业的成长与壮大，类似于 19 世纪末、20 世纪初的美国和欧洲，以及二战之后的日本和 20 世纪六七十年代韩国的快速现代化进程。经济史学家艾尔弗雷德·D. 钱德勒（Alfred D. Chandler）认为，在上述历史阶段中，大型企业的出现在这些国家的经济发展进程中扮演了至关重要的角色。他的论述同样适用于新兴经济体的现代化进程。例如，食品包装的机械化使得像亨氏食品（Heinz）和金宝汤（Campbell Soup）这样的家族企业能够在美国茁壮成长，正如技术创新使“第一家食品集团”（Tee Yih Jia Foods，春卷的全球领导者）在亚洲取得的骄人业绩，以及莫尼奥·迪亚斯·布兰科（M. Dias Branco，意大利面、饼干和其他食品制造和经销领导者）在拉丁美洲的快速成长。有赖于巴斯夫（BASF）、拜耳（Bayer）与赫斯特（Hoechst）所取得的规模化生产效应，德国化工产业得以飞速发展。而在印度，现代化工业也在类似的道路上勇往直前。根据钱德勒的分析，无论是在过去的发达国家，还是在当代的发展中国家，巨型企业在经济发展中都扮演了举足轻重的角色。而增长最快的新兴经济体，其培育的超大企业在全球所占据的份额也在与日俱增。

本书所提出的巨额财富与经济发展之间的关系，是以巨型企业的成长与外部环境交互作用为基础的，两者之间的联动呈现出相向而行的发展趋势。此外，有证据显示，巨额财富的积累不仅仅是经济发展的产物，而且也会对国民经济产生积极的推动作用。许多研究显示，巨额财富与经济发展这两者紧密相关，特别是在经济从农业生产向工业化转型的阶段。例如，在过去的15多年中（1995—2011年），中国人均收入从不足3 000美元跃升至10 000美元以上（以2011年美元的购买力平价为基准），其增速之快，表明中国富裕人群扩大的同步性。相反，当国家达到非常富有的程度时，两者之间的同步性则处于低位。本书第二部分所呈现的证据表明，新兴经济体中，超级富豪人数的增加及比例的提高，紧扣其经济结构转型的步伐，而这样的现象在发达国家却不甚明显。将发展阶段作为控制变量，我们发现：在迈向工业化的经济体中，富豪的数量越多，全社会的就业机会就越多；而在以农业生产为主的经济体中，二者之间则没有很强的关联性。该部分的分析还表明，相比发达国家，对于新兴经济体的企业及其所有者而言，贸易活动显得更为重要。

关于巨额财富、巨型企业和经济结构转型的相关数据表明，巨额财富的积聚属于经济发展过程中的必然现象。新兴经济体中涌现出了最优秀的企业家，他们创办具有国际竞争力的企业，吸引并聚集劳动力和资本。在这一过程中，生产要素得以更加高效地利用，随之带来生产力的提高，最终驱动所在经济体的经济增长和经济发展。在这一发展模式下，巨型企业可以创造更多的就业机会，并得以提供更高的薪酬，不断改善中下层社会的生活水平，从而使最广大的民众受益。由于财富的积聚和现代化进程的推进都依赖巨型企业的产生及发展，成就巨额财富便成为现代化进程中不可或缺的部分。在新兴经济体中，相比政府而言，企业创始人及其经营行为能够更高效地利用资本这一生产要素，所以源于创新的巨额财富就尤为有益。在金融市场尚待成熟的条件下，财富的集中反而有利于大型投资的决策，进而加速一国的工业化进程。

鉴于新兴经济体中的超级富豪能够通过创办巨型企业助推整体经济的增长，那么，分析他们的个人背景特征将有助于我们理解企业成长的动因及其演变趋势。因此，第三部分专门针对超级富豪的个体及其企业特征进行探究，包括他们的年龄和性别，以及其企业的发展历史和经营状况。相比发达国家，新兴经济体中的富豪普遍年轻化，特别是那些依靠技术起家的新贵。他们的企业也相对年轻：截至 2014 年，发展中国家白手起家的富豪所创建的企业平均存续年限仅为 28 年，而发达国家则为 47 年。在富豪排行榜上，不进则退的现象非常明显。对于那些财产超过 10 亿美元的富豪，其财富如果没有持续增加，则会从来年的榜单中消失，资产停滞不前仍能保持排名的情况极其罕见。和发达国家一样，新兴经济体中只有极少数的富豪是女性，女性企业创始人尤其稀缺。这在一定程度上反映出女性企业家在企业发展道路上容易遭遇融资困境，同时也意味着很多伟大的创意被埋没了。

我们已经知道，巨额财富的积聚一方面能够推动整体经济的增长，但另一方面也加剧了社会的不平等。第四部分将针对这一矛盾探讨最优的政策选择，力图在限制财富过度集中的同时，又能为促进创新和提高效率留出空间。即便巨型企业的创立及其所带来的巨额财富能为中下层的人们带来利益，但目前关于不平等问题的争论（集中于顶层收入分配）表明，许多人认为财富悬殊和收入差距是有违道义的，甚至会危及政治的稳定。正如乐施会（Oxfam）的一份报告所指出的那样，一辆双层巴士便能容下的全球顶级富豪，他们的身价竟然高出了全球底层半数人口的财富总和！这是很多人很难认同的现象。特别是，当这辆富豪巴士上坐满了讲中文、印地语和其他非欧洲语言的富豪时，而他们的祖国依然有很多百姓挣扎在贫困线上，来自民间的担忧会更加深重：马云和普通中国人之间的生活水平差距，远大于比尔·盖茨和普通美国人之间的差距。

然而，个体之间的收入差距并不是衡量平等的唯一标准。在评估超级富豪所带来的影响时，包括富人和穷人在内的全社会整体生活水平的提高，是一个同样甚至更重要的考察因素。在这一标准下，对比贫穷国家与发达国家的不平等问题，二者的表现形式迥然不同。2006—2014 年间，发达国家富豪财富的增长速度是国民总收入增速的 3 倍。相比之下，在发展中国家中，国民总收入的增速要高于富裕阶层收入的增速。换句话说，马云的中国同胞会发现，他们的收入与马云的收入都在增长，而比尔·盖茨的同胞却没有这样的好运。这种现象或许可以解释，为什么发达国家的人们更迫切地呼吁更加公平的财富分配，而发展中国家的人们却仍然更加关注经济增长和就业机会。

在新兴经济体中，民众最为关心的是如何尽快摆脱贫困并获得更多的进取机会，而非围绕财富分配的多寡而怨声载道。2007—2008 年爆发的全球金融和经济危机严重削弱了低收入群体的福祉，将对不平等问题的忧虑推向了政治高度，继而激起了左右两派对经济条件不公的抗议。然而，许多政策制定者和专家对于财富集中和收入不平等的关注，似乎更多地反映了盎格鲁国家的偏见，因为这种剑拔弩张的态势在英语国家中表现得更为突出。尽管数据显示，与其他国家相比，最富有的 1% 人群的财富比例失衡问题主要出现在盎格鲁国家，但相关国际机构更倾向于认为，财富的两极分化仍是一个全球性的问题。

此外，许多新兴经济体的决策者并不拘泥于不平等问题，反而更重视如何促进创新和经济增长。这需要推行一系列强有力的举措，包括健全产权体系、降低企业进退的壁垒、坚持市场开放并积极吸引外商投资等等。这些政策组合可以将生产要素引向收益最高的经济领域，从而为大型企业的创建和成长营造必要的条件。提高企业的自主性和保持市场的开放，可以确保巨额财富的积聚是源于公平竞争，而非国内垄断。

然而，即便有了这样的宏观政策，执行不力也会阻碍巨型企业的发展。为促进巨型企业的成长，很多情况下，优惠的信贷政策被证明是颇为有益的。就成效而言，与其采取“雨露均沾”的产业政策，不如瞄准效率最高且外向型的企业，并给予有针对性的扶持。

随着国家的发展和经济的增长，需要应对的挑战是如何避免产生大量的非生产性财富。遗产税可以弱化财富在血缘关系中的传递，为富有才干的普通人提供用武之地。针对那些回报丰厚、但从全社会角度来看属于非生产性的行业（典型的例子是近几年对冲基金的财富剧增），第四部分探讨了限制性的政策工具。

新兴经济体中，依靠创新而积累巨额财富的阶层的崛起，对于经济发展和提高整体生活水平具有积极的作用。然而，至于财富的力量将对社会生活的其他方面产生怎样的影响，人们还没有形成清楚的认识。这其中有两方面的问题值得特别关注。第一，新兴企业一旦羽翼丰满且获得了丰厚的利润，它们就会有动机提高进入壁垒的门槛，以此固守其市场地位和利润水平，阻止竞争者进入此领域。同时，富裕阶层与政府的紧密关系，为富裕阶层规避监管和税收提供了便利。第二，在一些国家，巨额财富为富裕阶层带来了雄厚的政治资本，这将使政策与大众的利益诉求相差较远。在那些独裁政权中，由于政府代表的并不是最大多数民众的利益，私有财富与公共权力进行利益交换的结果是使相关企业获取了特殊待遇的筹码。与此相反，一些巨额财富的拥有者也可以通过有益的尝试，成为体制创新、治理能力提升的推动力量。这些问题虽不是本书的重点，但我们会在第二章和第五章对其进行简要的讨论。①

关于研究方法的说明

本书的贡献主要有两个方面：基于《福布斯》全球富豪榜数据，对超级富豪进行科学分类，深入分析巨型企业获取巨额财富与经济发展的关系。在掌握充分数据的基础上，本书全面梳理了各种类型的巨型企业及其财富积累的水平，但重点始终聚焦于超级富豪和他们的企业，尤其是那些最具创新性、不断推动经济转型的跨国企业。为何着重分析超级富豪，不是因为他们比其他规模化的企业家更为重要，而是因为他们的主要财富来源是可以追溯的，他们创建的企业更加引人注目。

然而，这种方法的缺点是，它专注于一个非常独特的群体，因而并不能得出一个国家经济的全貌，特别是那些只有一两个超级富豪的国家。即便如此，对超级富豪的个人背景特征展开讨论，还是可以揭示一些重要问题的，例如大型企业的作用，以及

① 关于政治献金、游说和富豪在政府中的作用超出了本书分析的范畴。达雷尔·韦斯特（Darrell West）对21世纪财富在政治中的作用进行了全面的分析，并聚焦美国的现状。约翰·坎夫纳（John Kampfner）讨论了过去2 000年间，财富与政治之间颇有争议的相互关系。

财富创造和获取的普遍方式。财富的积聚方式、产业分布以及企业的存续年限等特征，即便不够完整，但能为我们描绘出一个国家中大型企业的发展状况和创始群体的概貌。

本书从经济角度探讨了新兴经济体中超级富豪的产生与成长，并通过分析指出，新兴经济体巨额财富的积聚反映出一批新生企业家的崛起，他们主动拥抱新技术，追求创新，并走出当地市场，积极融入世界。

巨型企业的创建与巨额财富之间的关联性并非难以理解。民营企业迅速成长，并为其创始人创造了巨额财富。比尔·盖茨成为超级富豪，皆因微软获得的巨大成功；同样，阿里巴巴的成功成就了马云作为超级富豪的辉煌。

我们应当看到，新兴经济体的富豪占全球富豪比例的增长，与其在《财富》世界500强企业份额中的增长之间存在紧密的联系。这种正相关关系表明，新兴经济体中的富豪，并不像人们通常认为的那样，纯粹是政治寻租的代理人，而是创造了全球性品牌的大型企业的缔造者。这些企业家及其大型企业充分利用本国的生产要素，并积极引入全球优势资源，从而推动了这些发展中国家的经济腾飞。不过，创新和企业经营在各国经济发展过程中的重要性及差异性巨大。同时，虽然寻租行为已在整体减少，但它们聚集的财富仍占到新兴经济体总体财富的20%。

第一部分　商业巨头

第一章
谁是超级富豪

2015 年 1 月，在世界经济论坛的一个分论坛上，与会专家共同探讨了超级富豪崛起的议题。乐施会执行董事维妮·比扬依玛在发言中说，2014 年，全球最富有的 85 个人所拥有的财富，等同于全球中下阶层 50% 的人口所拥有的财富，而到 2015 年，全球最富有的人数量减少到了 80 人。她认为，这种极度不平等的两极分化现象是令人担忧的，而她的论断显然没有探讨这些财富是通过何种方式获得的。① 作为一家巨型营销集团的代表，WPP 首席执行官马丁·索瑞尔爵士（Sir Martin Sorrell）则反驳道："30 年前，我创办了一家只有两个人的企业。如今，我的集团拥有179 000名员工，业务遍布全球 111 个国家，集团每年至

① 《达沃斯：更富有的世界——然而，对谁而言?》，英国广播公司，2015 年 1 月 23 日。

少投入120亿美元用于人力资源开发。对此，我自感问心无愧。”① 他的言辞表明，不分青红皂白，对所有巨额财富一律贴上“不义之财”的标签，这种观念是错误的。因为起码他的例子可以证明，财富的积累来源于企业创始人出色的经营能力，同时也会使许多人从中受益。

那么，全球财富加速集中的趋势，究竟是如比扬依玛所质疑的那样，无论是否取之有道都是令人担忧的现象，还是如索瑞尔提出的那样，是经济增长的源泉呢？它究竟意味着违法背德的敛财方式，如国家特权、政策偏袒或者不公平的优势（继承、抢占资源或垄断），还是体现了新兴企业的壮大以及就业机会的增加所带来的繁荣？本章将采用一种独创的分类方法，试图将企业创始人与其他类型的超级富豪区分开来，通过识别财富的不同类型，来理解该群体成长与演化的历程。本章的论点在于，对新兴经济体和发展乏力的国家而言，民营企业的成长能够带来诸多裨益，因此需要以更加广阔的视角来看待其产生的巨额财富，而不应以这些企业是否加剧了财富分化为由而草率地否定它们的积极作用。

在世界超级富豪当中，白手起家者日渐增多。不过，其中那些依靠金融交易或攀附权势等寻租类活动发家的，仍占多数，而纯粹依靠创新或正常经营致富的占比基本保持在30%的水平。

然而，上述全球财富的总体趋势，往往会使人忽视发达国家

---

① 《达沃斯：更富有的世界——然而，对谁而言?》，英国广播公司，2015年1月23日。

和新兴经济体之间存在的巨大差异。新兴经济体中的富豪更多是白手起家的，他们的很多经营活动与政府有着密切的关系，企业创始人的比例在上升，而财富继承者的比例在下降。相应地，发达国家中各类财富群体的比例相对稳定，继承者和企业创始人的比例略有下降，而金融类、寻租类和政府相关的财富在增加。

本章将阐述巨额财富积累的基本理论，并划分出五种类型的富豪：财富继承者、企业创始人、企业高管、政府关系或寻租类富豪，以及依靠金融和房地产业发家的富豪。

超级富豪如何创造财富

相关经济理论为巨额财富近几十年来的惊人增长提供了三种解释。

商业巨子

阿尔弗雷德·马歇尔（Alfred Marshall）首创了“商业巨子”理论，舍温·罗森（Sherwin Rosen）后来又将其进一步深化。该理论认为，巨额的收入和财富的集聚，其核心驱动力来自三个方面：杰出的才能、技术变革和全球化进程。根据这一观点，巨额财富的增长主要源于外部环境的变化，一些商业奇才准确地把握了时局，顺势将创新型企业做大做强。“商业巨子”理论认为，新技术为人际交流提供了便利，进一步发挥了规模效应，而全球化又大大降低了国家间的市场壁垒。随着新兴通信技术的发展，一位卓越的经理人可以统领世界各地的员工，如同随着录音设备的问世，全世界都可以听到某位歌王的曲目一样。贸易、投资和洲际差旅壁垒的降低，吸引了更大范围的客户，这又促进了更加高效的生产流程。正如一些好莱坞明星吸引了数量庞大的粉丝，可以拿到丰厚收入，而与此同时，忍饥挨饿的演员也比比皆是；一些企业领导层获得了巨额的收入，而与此同时，中层以下管理人员的收入却迟迟不见增长。由此可见，在许多领域，尤其是新兴技术领域，商业巨子可谓炙手可热，待遇优厚无比；而对于那些掌握普通技能的员工而言，人才市场的需求则平平淡淡，甚至呈现衰退迹象。

科技为众多商业巨子带来了丰厚的回报，如脸书的创始人马克·扎克伯格（Mark Zuckerberg，2014 年《福布斯》全球富豪榜排名第 21 位），以及印度第三大软件外包公司威普罗（Wipro）的创始人阿兹姆·普雷姆吉（Azim Premji，第 61 位）。但科技新贵并不是富豪企业家群体里的唯一宠儿，贸易和技术也可以让杰出的制造商赚得盆满钵满。国际服装零售商飒拉（Zara）的创始人阿曼西奥·奥特加（Amancio Ortega）就是全球第三大富豪，他旗下超过 70% 的零售店都铺设在西班牙以外的国家和地区。对于中国的何享健（2014 年《福布斯》富豪榜排名第 190 位）来说，贸易是他的“聚宝盆”，他的巨额财富来源于家电制造企业美的（Midea），而其一半的收入来自对外出口。

寻租收益

“商业巨子”理论认为，财富积累是企业家精神的产物。然而，并非所有的财富都是通过合法正当途径获得的。而寻租收益是巨额财富增长的第二大来源。新兴经济体中，由于机制不够完善，这种现象可能更为普遍。由于政府的干预行为，私有化过程中的政治分肥以及监管失控现象在所难免。另外，宏观经济剧烈波动导致的资产价格飙升、企业文化和社会规范的变迁等，这些不规范和不确定性因素都会让少数资本所有者积聚大量的寻租收益，但是其实际生产力并没有相应的提高，皆因与商业巨子创造的财富类型不同，这种浮财并不能提高生产要素的配置效率。

政府向私营部门出售石油企业时压低定价，致使少数与政府关系密切的资本家一夜暴富，这是新兴市场中典型的寻租形式。尼日利亚福罗荣索·阿拉基亚（Foloronsho Alakija）的发迹，就是因为她能够以低于市场价格从政府手中拿到石油经营许可证。近年来，随着石油价格的飙升，她的财富也急剧增加，并助其在2014 年首次登上了《福布斯》全球富豪榜榜单。俄罗斯的伊戈尔·马卡洛夫（Igor Makarov）于 2012 年首次登上《福布斯》全球富豪榜榜单，而他的巨额财富来自其与俄罗斯国有石油公司（Rostneft）组建的合资企业。

并非所有与寻租收益相关的财富都来源于自然资源。巴西的塞萨尔·玛塔·皮雷（Cesar Mata Pires）是建筑工程企业 OAS 的创始人，在赢得巴西政府 2014 年世界杯体育场的承建合同（同时也获得了政府的补贴贷款）后，也首次登上了《福布斯》榜单。

遗产继承

遗产继承是财富增长的第三个主要来源，如果资本回报率超过经济增长率，资本迅速累积，那么通过遗产获得的财富将会得到极大的巩固。托马斯·皮凯蒂（Thomas Piketty）认为，由于资本回报率一直高于劳动回报率，除非全球的税收政策发生变化，否则富有的人便会更加富有。遗产继承在该理论中占据了核心地位，因为资本收益的增速要快于劳动所得，除非加大资本生成的难度或者将其彻底摧毁，长远来看，这种现象会进一步加剧社会的贫富不均。法国的利利安·贝滕科特（Liliane Bettencourt）是世界上最富有的女性之一，她是将继承的财富实现快速增值的绝佳例证。2000 年，她所拥有的净资产估值为 150 亿美元，而在短短 4 年中，她的净资产竟然增长至 380 亿美元。这一财富的积累，主要源自她在欧莱雅和雀巢两家企业持有的大量股份。

然而，依靠继承得来的大笔财富并不一定能够一路增值。皮凯蒂认为，相对较高的资本回报率只是一个整体的判断，其中包含了所有新增的和原有的不同形式的投资组合。例如，墨西哥的卡洛斯·佩拉尔塔（Carlos Peralta）就没有那么幸运。他从父亲那里继承了一家制造和建筑企业集团，得益于政府颁发的手机牌照，他把业务扩展到电信领域，从而使他在 1999—2004 年期间得以持续位列《福布斯》榜单。而到 2005 年，随着墨西哥国内市场竞争的加剧，他的资产大幅缩水，他也名落《福布斯》全球富豪榜榜单。2009 年，全球经济衰退使他受到重创，迫使他卖掉 257 英尺长的游艇和位于特朗普大厦的公寓。

山水轮流转，财富在易手。一批新贵在诞生，一批老派的富翁在陆续消失。总体来看，无论是在发展中国家还是发达国家，继承类财富的份额并没有什么变化。

巨额财富的决定因素

当今关于超级富豪的实证研究大多集中于发达国家，因此结论颇为片面。其中一些研究表明，技术变革和全球化是形成巨额财富的主要驱动力。而其他一些研究则认为，资产价格的上涨和公司治理的变革才是关键。①

针对新兴经济体中巨额财富激增这一现象的学术研究仍为数不多。然而，私人银行和咨询公司已经敏锐地嗅到其中的商机，着手开发这一正在快速增长的市场。波士顿咨询公司（Boston Consulting Company）发布了大量关于亚洲超级富豪的报告，认为超级富豪既是经济增长的产物，也是经济发展的基础。迫于新监管规则的压力，欧洲的银行也正将视线转向新兴经济体中的富有客户，以增加营业收入。②摩根士丹利（Morgan Stanley）的鲁

---

① 法昆多·阿尔弗雷多等人（2013a）研究表明，不同发达国家之间的现实情况千差万别，只有其中一些国家，而不是全部最富有人群的收入得到了明显的增加。这说明，在所有工业化国家盛行的新技术和全球化进程，并不是最富有人群变得更富有的原因。2013 年，托马斯·皮凯蒂和伊曼纽尔·塞斯的研究支持了这种观点，指出最富有人群的收入和税率的降低存在很强的相关性。2012 年，乔恩·巴基哲、亚当·克勒和布拉德利·海姆，基于美国 1979—2005 年的个人所得税数据发现，从事不同职业的人收入水平差异明显。他们发现，近年来，高管、经理、管理人员和金融专业人士占最富有 0.1% 人群的大约 60%，这说明资产价格和公司治理是巨额财富增长的首要来源。2013 年，史蒂文·卡普兰和乔舒·亚劳在考察了美国收入和财富数据后，认为新技术可将变革扩展到不同行业，其积极作用不可忽视。

② 《法国巴黎银行瞄准亚洲超级富豪，以促进财富管理业务的增长》，彭博商业周刊，2013 年 3 月 7 日。

奇尔·夏尔马（Ruchir Sharma）持续跟踪新兴经济体中的超级富豪，研究他们创造财富的方式，以期找到“能体现新兴经济体在全球经济竞争中定位的风向标”。[①]本章以《福布斯》全球富豪榜的数据为基础，试图以一种新的分类方法对不同国家的财富来源进行比较研究。

2014 年的《福布斯》全球富豪排行榜中共有 1 645 个人，分布在 69 个国家，其中 959 位来自发达国家，686 位来自新兴经济体。过去 10—15 年间，新兴经济体的巨额财富增长迅猛。截至 2014 年，来自新兴经济体的富豪占比达到 42%。《福布斯》富豪榜拥有最完整的数据，其中包含了富豪的姓名，这有助于研究人员追溯其财富的来源。同时，类似的数据库也都呈现出相似的趋势。莱坊国际（Knight Frank，房地产咨询企业）和 Wealth - X（私人财富咨询机构）的数据均显示，新兴经济体巨额财富的比例高达 43%，其数据库也包含身价数千万或数亿美元富豪的个人详细信息。这些数据对于扩大国别研究的覆盖面很有帮助，特别是那些没有富豪的小国。莱坊国际在 2014 年发现：身价 1 亿美元以上的富豪中，有 25% 来自新兴经济体；身价 1 000万美元以上的人群中，这一比例为 22%。相比 10 年前（指 2004 年），二者的比例分别增长了近两倍。2014 年，根据 Wealth - X 和 UBS（瑞士联合银行集团）的评估，28% 的超高净值人群（身价在 3 000 万美元以上）都来自新兴经济体。

---

① 《亿万富翁榜单》，华盛顿邮报，2012 年 6 月 24 日。

本章将对2001年和2014年的《福布斯》全球富豪榜榜单进行对比，以便更好地理解当今全球富豪的构成情况。2001年的《福布斯》排行榜没有提供富豪财富来源的信息，而自2011年起，该榜单则包含了与富豪财富相关的企业或行业信息。1997—2000年，《福布斯》排行榜的财富数据以家庭为单位，这使得这些年间的个人财富数据与其他年份无法进行比较，因此，本研究将2001年的榜单作为基准数据。①

白手起家与财富继承的区别

我仔细考察了《福布斯》财富排行榜上每一位富豪的个人信息，以确定其财富基本来源——是自力更生创造的，还是通过继承获取的。对于前者，我还核对了他们所在的行业和企业，以及他们的性别。如果本人是企业的创始人，或者其财富来源与其在企业的任职紧密相关，则认为其财富是白手起家创造的。那些受益于政治关系或资源红利，但没有通过继承而获得大量财富的，也被归类为白手起家者之列。

相对于白手起家者的定义，明确财富继承的范畴更具挑战性，因为有些富豪在进入富豪榜时，已经继承了数十亿的财富，而有一些人则是继承了一家小型的企业，然后通过自己的努力将

① 1996年以及2001—2014年，亿万富翁及其财富是以个人为单位进行统计的。而1997—2000年，《福布斯》排行榜是以家庭为单位进行统计的。因此，这些年间，亿万富翁的数量较少，但平均财富净值却很高。如果要分析加总后的净值财富，或者以行业或整个国家的角度来分析数据的话，可以使用这些年份的数据。如果分析个人层面的趋势，这些年的数据与其他年份无法进行对比，因而不能使用。

其发展为规模上亿的企业。2013 年，卡普兰和亚劳对 1987 年、1992 年、2001 年和 2012 年的《福布斯》全球富豪榜进行了分析，将其中的富豪划分为三类：白手起家型，财富继承型和继承发展型。他们发现，2012 年美国和全球的榜单中，通过继承中等规模企业并将其发展壮大致富的富豪比例均不足 10%。然而，他们并没有明确中等规模企业的定义。

为了明确定义，如果某位富豪是企业创始人的直系亲属，并且该企业是他的主要财富来源，那么这位富豪则被划分为财富继承型。依据这一定义，我们将那些在父辈的羽翼之下经营企业发展起来的富豪归为继承型，因而在估算白手起家者的财富时，我们采取了更为保守的口径。其中，最典型的例子是吉娜·莱因哈特（Gina Rinehart），她在继承了父亲 1.25 亿美元的采矿生意后，将其财富规模发展壮大到 177 亿美元。根据这一分类方法，她的财富属于继承类财富，因为其财富的主要来源（继承规模较大的企业）并不是由她自己创造的。

有一种情况例外，即那些只继承了家族的小商店或小工厂的富豪。这类富豪占样本总数的 2%，他们被归为白手起家一类。其中包括环球教育集团的主席桑尼·瓦尔基（Sanny Varkey），他从父母手里接管了一所不到 400 名学生的学校，后来他把它打造成了世界上最大的私立 K－12（幼儿园到高中，即基础教育）学校。①

在《福布斯》数据中，富豪所属国家是根据其公民身份，

① 如希望了解数据处理的具体分类方法，请参考弗罗因德与奥利弗 2016 年的论文。

而不是居住国或出生地来统计的。根据所属国家这一变量，将他们划分为发达国家和新兴经济体国家两大类。第一类，即高收入的发达国家，包括经济合作与发展组织的成员国（美国、加拿大、澳大利亚、新西兰、日本和韩国）。[①] 其他国家则归为第二类，即新兴经济体国家。

图 1. 1 展示了在 2001 年和 2014 年，发达国家和新兴经济体国家中两种不同财富来源的富豪对比；图 1. 2 对比了两种不同类型富豪所占比例的变化。通过对比白手起家富豪和继承这两类富豪的数量及其财富分布比例的变化，我们可以深入探究影响一个国家财富增长的机理。

这些数据反映出三大特点。第一，即使对于财富继承采用了严格的界定，无论是发达国家还是新兴经济体国家，白手起家的富豪还是占了大多数。第二，发达国家中，白手起家的富豪占比基本保持不变，维持在 60% 左右；而在新兴经济体国家，这一比例却显著上升，在 2014 年为近 80% 。第三，在相同年份同一类型的富豪中，富豪数量和其财富价值的比例相对接近，没有显著的差异。

① 根据这一界定，一些高收入经济体和地区，包括中国台湾和新加坡，都被划分到新兴经济体类别。这些市场中，很多富豪和巨型企业都来自中国大陆，或者在中国大陆生产，或服务于中国市场。富足的海湾国家也被划分为新兴经济体。虽然这些国家因石油储备而非常富有，但它们没有经历过使它们质变为现代经济体的结构性改革。在数量统计方面，即使不把这些国家或地区归为新兴经济体，研究结论也不会有变化。

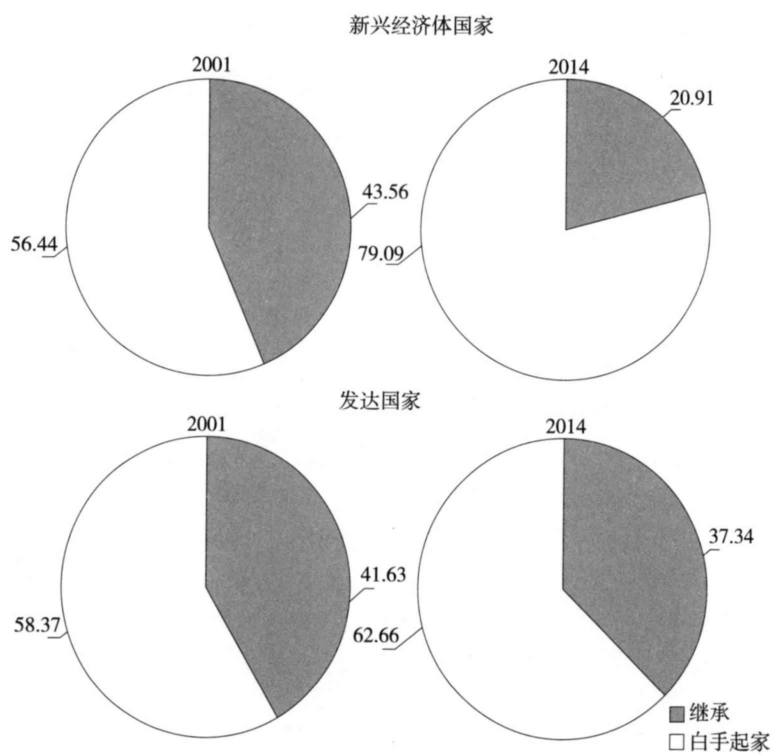

图 1.1　2001 年和 2014 年，发达国家和新兴经济体国家中白手起家富豪的比例（%）

资料来源：根据 2001 年和 2014 年《福布斯》全球富豪榜数据计算。

2014 年，白手起家富豪的比例与 Wealth－X 的研究结果基本一致。根据 Wealth－X 的评估，白手起家富豪的比例为 55%，继承者的比例为 20%，继承了部分财产后创造更大财富的富豪的比例为 25%。其中，最后一类的定义为“通过继承和个人努力成为富豪的群体，包括创业或者在其家族业务中发挥积极的作用”。在研究最高收入人群的财富分布时，即便由于多种财富继

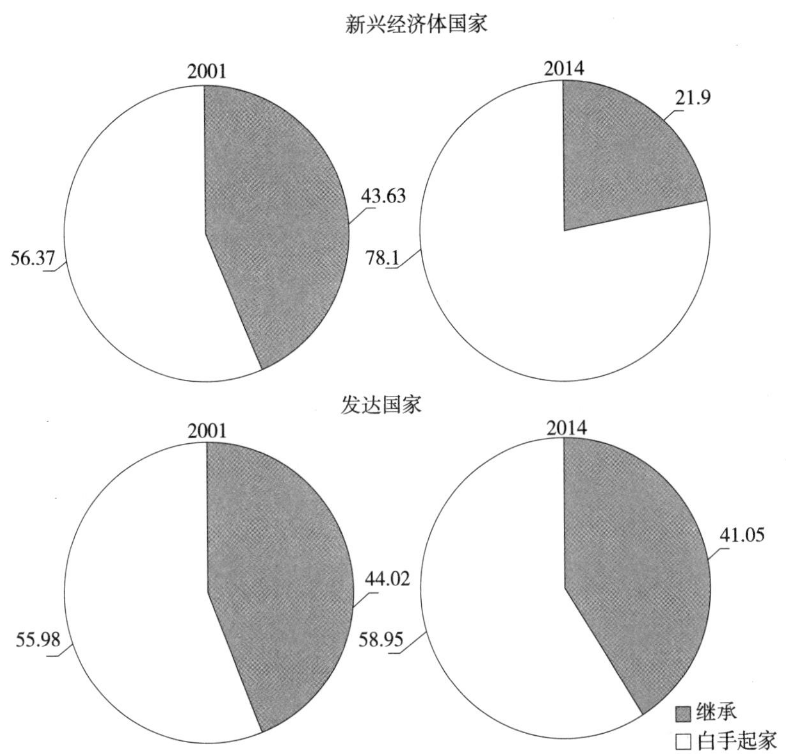

图 1.2　2001 年和 2014 年，发达国家和新兴经济体国家白手起家富豪的财富比例（%）

资料来源：根据 2001 年和 2014 年《福布斯》全球富豪榜数据计算。

承方式而使其难以调查，且存在信息不对称的情况，但在充分考虑其影响之后，不同类型的财富比例基本相似。

非财富继承类富豪

非财富继承类超级富豪可分为四大类：企业创始人、企业高管、政治关系或寻租型富豪，以及金融和房地产行业的富豪。在私有化过程中，由于部分既得利益者同样也是能力超群的企业家，他们大力扭转了国有企业的颓势。也有许多金融业富豪大亨在促进创业企业发展的同时，帮助建立有利于整体经济发展的基础设施。不过，这种限定性的分类很可能低估了企业家阶层的规模。此外，一些继承类财富的富豪，比如印度的拉丹·塔塔(Ratan Tata)和李健熙（Lee Kun-hee），也带领企业实现了显著的增长。同时，资源类相关的财富也可得益于经营能力，比如明智的投资决策、规模扩张、技术改进或降低运营成本等。

企业创始人

很多富豪是依靠创新致富的，尤其是在快速发展的市场中。2014 年，脸书收购了手机即时通信应用程序 WhatsApp 之后，其创始人简·库姆（Jan Koum）和布莱恩·阿克顿（Brian Acton）（两人的合计身价为 100 亿美元）首次登上富豪榜。奇虎 360 的周鸿祎和齐向东两个人的身价超过 30 亿美元，在 2014 年首次登上富豪榜，他们提供免费的基础产品，并以增值服务收费，从而占领了中国互联网安全市场。

也有一些富豪是凭借政治关系而暴富的。1990 年，俄罗斯的瓦吉特·阿列克佩罗夫（Vagit Alekporov）（身价 140 亿美元）被任命为石油与天然气工业部副部长，第二年则成为俄罗斯最大的私人石油公司卢克石油（Lukoil）的首席执行官。1995 年，爱尔兰的丹尼斯·奥尔布莱恩（Denis O'Brien）（身价 53 亿美元）在政治资源的庇护之下，拿到了价值连城的手机牌照。

为了更准确地计算《福布斯》榜单上生产创新产品的企业创始人数量，我们排除了金融和房地产类、自然资源类、政治关系类的企业创始人。因此，企业创始人与那些商业巨子富豪非常相似，他们发明了数以百万计的新产品，优化了生产流程，丰富了产品种类，降低了消费价格，为社会进步做出了可观的贡献。

企业高管

第二种非财富继承类富豪，包括那些通过在企业任职而获得财富的高层管理人士（如脸书首席运营官雪莉·桑德伯格）。这些人的财富与政治关系、金融或自然资源无关。在富豪榜榜单上，那些没有被定义为企业创始人的总裁、首席执行官或其他公司领导层都被划分到高管这一类别。高管也包括那些拥有企业的个人，他们未必是企业的创始人或者在企业里担任某一高管职位。比如，继承了一家商店或工厂的富豪则归入此类。

政治关系或寻租类富豪

那些依靠政治关系或自然资源致富的，则被划分为政治关系或寻租者类别。①如果有报道称某富豪的财富与其过去在政府中的职位、在政府工作的近亲相关联，或者通过关系拿到了某种特许牌照，那么这些富豪就被归入政治关系类别。

该类富豪包括那些在国有企业私有化过程中获利的企业主。收购一家国有企业需要得到政府的批准，因此，有理由将这类商业转型行为界定为与政治关系相关的行为。虽然私有化确实会优

① 2013 年，根据政治关系情况，苏斯塔·巴奇和扬·什韦纳尔将《福布斯》数据进行了分类。使用律商联讯集团（Lexis Nexis）数据库，如果有证据表明没有政治资源的话，这些人不会成为富豪，则这些人被界定为政治关系的类别。

化企业治理，也必然会产生一定程度的财富积累，但通过私有化过程积累数亿美元甚至更多的财富，往往意味着当初的交易价格过低。在这种情况下，寻租收益的获得更多依赖于私有化过程，而非个人才能。

如果白手起家富豪的财富来源于资源类行业，包括石油、天然气、矿产和煤炭等，则也归入这一类。矿藏的控制权往往掌握在政府手中，企业必须通过与政府签订合同来获得开发许可证。尽管一些资源类企业也会从改进企业管理中获益，但其大部分收益取决于非本企业所能控制的资源价格。资源一旦被垄断，相关财富的获得则被认为是理所应当的，与个人才能无关。石油大亨哈罗德·G. 哈姆（Harold G. Hamm）与苏·安·阿诺（Sue Ann Arnall）的离婚诉讼判决就援用了该观点。在经历了长达 25 年的婚姻后，哈姆在离婚时拒绝分割公司一半的财富，他的律师认为公司的升值是“被动”的，并不是他作为 CEO（首席执行官）的能力所得。[①]

相对于才能，图 1.3 展示了外部因素对资源财富的重要性。1996—2014 年，对比资源相关的富豪和其他类型富豪，前者总资产净值的增长趋势与能源价格走势几乎完全同步。[②]

---

① 罗伯特·弗兰克，《CEO 们真的才华出众，还是运气绝佳罢了?》，纽约时报，2015 年 2 月 8 日。

② 富豪的财富净值是以 1996 年美元为计量单位的现净值。关于计算方法的说明，请参考弗罗因德与奥利弗 2016 年的论文。

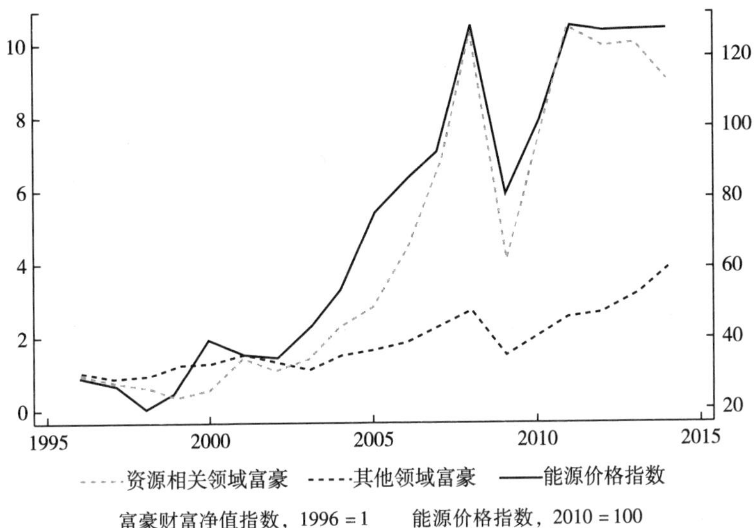

图 1.3　1996—2014 年，富豪财富净值指数和能源价格指数

资料来源：世界银行数据，全球经济监测（GEM）商品数据库，《福布斯》全球富豪榜。

金融和房地产行业的富豪

本书将金融业的富豪作为单独的类别进行分析。早期投资创新企业的那部分金融业富豪，可被视为商业巨子。而其他的金融业富豪，则受益于政治关系、监管不力和内幕交易。全球金融危机使我们很难将这一群体定义为名副其实的创新者，尽管其中有些人的确具备创新的才能。其中一些人通过高明的决策，将资本注入高速成长的企业，在赚取高额利润的同时，也促进了经济增长和就业。也有一些人找到了确保市场合理定价的新方法。这类金融创新者包括：对冲基金经理彼得·泰尔（Peter Thiel），他创建了贝宝（PayPal），同时他也是脸书的第一位外部投资者；

布鲁斯·科夫勒（Bruce Kovner）“发明”了“套利交易”（以低利率出售货币，以高利率购买货币）；捷克共和国的彼得·凯尔纳（Petr Kellner）创建了捷信集团（Home Credit），为新兴经济体的中低收入个人提供信贷服务产品，市场覆盖了俄罗斯、印度、印度尼西亚、中国、越南和捷克共和国。

也有一些金融领域的富豪得益于政府监管不力、幕后交易以及某些情况下的极端腐败。迈克尔·米尔肯（Michael Milken）因证券欺诈而入狱 22 个月，但其资产超过 20 亿美元，依然名列《福布斯》富豪榜。① 2013 年，陷入内幕交易诉讼的 SAC 资本（SAC Capital Advisors）负责人史蒂文·科恩（Steven Cohen）虽然并不是那么出名，但其极为富有，资产接近 100 亿美元。② 尽管妻子在 2013 年因行贿获得土地特许权而获刑，但印度尼西亚投资人傅志宽（Murdaya Poo）还是设法保住了自己的大部分财产。③ 中国的黄光裕因内幕交易和行贿被判处 14 年有期徒刑。④

① 斯科特·森德罗夫斯基和詹姆斯·班德勒，《证券交易委员会对迈克尔·米尔肯的正式调查》，财富，2013 年 2 月 27 日，fortune. com/2013/02/27/the-sec-is-investigating-michael-milken。

② 迈克尔·罗特费尔德，《SAC 在内部交易一案中认罪服法》，华尔街日报，2013 年 11 月 4 日。

③ 本·奥托和佐科·哈里彦托，《印度尼西亚女富商被判行贿罪》，华尔街日报，2013 年 2 月 4 日。

④ 《第 149 位的黄光裕及其家人》，《福布斯》中国富豪榜，www. forbes. com/profile/wong-kwong-yu。

这一类别也包括房地产界的富豪。其中一些人得益于政府的土地出让，另一些人得益于城镇化进程，大部分人从以上两方面获取了暴利。在发展中国家当中，中国是地产大亨云集的国家。他们投入基础设施建设，助推中国经济增长，促进经济社会发展，但在一个土地国有、私有企业需要通过租赁获取土地使用权的国家，许多地产大亨都与政府有着千丝万缕的联系。

分析

表1.1列明了2001年和2014年五类富豪的分布及其财富状况。对比这两年的数据，白手起家的富豪中最多的是企业创始人。2001年和2014年的显著差异在于，资源相关、私有化相关和有政治关联的富豪，其数量及其财富出现明显增长，增长已超过一倍；相形之下，财富继承类富豪则有明显的减少。新兴经济体国家和发达国家也有显著的差异。新兴经济体国家中，除了金融领域，所有其他类别的白手起家富豪占比都有所扩大。例如，2001年新兴经济体国家中只有11.6%的富豪属于企业创始人；而到2014年，这一数字上升到了23.8%，企业高管类富豪的比例也从4.9%跃升至10.9%。那些受益于政府关系、寻租或金融业的富豪比例则相对持平。发达国家的财富分布变化较小，最大的变化是财富继承比例有小幅下降，相应比例的增加来自金融或政府关系类的富豪。

表 1.1　2001 年和 2014 年，不同财富来源的富豪数量和财富总额分布情况

财富来源	富豪数量占比（%）			财富总额占比（%）		
	2001	2014	2001—2014 年增长率贡献值	2001	2014	2001—2014 年增长率贡献值
所有区域						
白手起家	58.5	69.7	75.2	56.0	65.6	70.6
企业创始人（非金融行业）	28.8	27.8	27.1	33.2	29.5	27.6
企业所有者或高管	8.2	9.2	10.2	5.5	6.0	6.3
金融领域	16.9	21.5	23.6	13.5	18.1	20.5
资源/私有化/政府联结	4.6	11.2	14.3	3.8	12.0	16.2
继承	41.5	30.3	24.8	44.0	34.4	29.4
新兴经济体国家						
白手起家	56.3	79.1	82.9	56.4	78.1	81.8
企业创始人（非金融行业）	11.6	23.8	25.9	7.4	21.9	24.3
企业所有者或高管	4.9	10.9	12.0	2.7	6.2	6.9
金融领域	23.3	23.3	23.2	25.5	21.4	20.6
资源/私有化/政府联结	17.5	21.1	21.8	20.8	28.6	30.0
继承	42.7	20.9	17.1	43.6	21.9	18.2
发达国家						
白手起家	58.9	62.7	66.2	56.0	58.6	60.8
企业创始人（非金融行业）	32.9	30.7	28.6	37.9	33.8	30.3
企业所有者或高管	9.0	8.0	8.1	6.0	6.0	5.9
金融领域	15.4	20.1	23.7	11.4	16.2	20.3
资源/私有化/政府联结	1.6	3.9	5.8	0.7	2.6	4.3
继承	41.1	37.3	33.8	44.0	41.4	39.2

资料来源：根据《福布斯》全球富豪榜数据计算。

本章小结

当下，巨额财富的积累主要来源于白手起家者财富的增加，而新兴经济体国家在其中贡献显著。在新兴经济体国家的白手起家富豪者当中，企业创始人和高管（不包括资源型企业和私有化的国有企业）的份额增长异常迅速，而继承财富的比例在下降。新兴经济体国家中的企业家创建了具有全球竞争力的巨型企业，从而改写了本国的经济格局。

而发达国家不仅继承财富的比例在下降，而且经济相对缺乏活力。更令人担忧的是，政治关联和金融相关的财富占据越来越大的比例，而不是企业创始人通过实干创造的财富。

第二章
富豪的区域和行业分布

近年来，新兴经济体国家中富豪财富的增长速度远大于发达国家，而且大量的财富都对全球化企业的创建者青睐有加。例如，印度的赛鲁斯·普纳瓦拉（Cyrus Poonawalla）创建的免疫血清研究所，致力于生产一种脊髓灰质炎疫苗，该企业始终保持全球领先地位；米格尔·克里格斯娜（Miguel Krigsner）创立的巴西第二大化妆品企业 Boticario 集团，其市场也遍布全球多个国家。值得注意的是，虽然大部分新兴经济体国家都陆续产生了诸如此类的财富新贵，但各个国家的表现却呈现出显著差异。

其中，东亚国家尤其活跃，2014 年的富豪榜中有 115 位企业创始人（不包括金融和房地产业）来自这一地区。其中很多都家喻户晓，比如代工生产苹果产品的富士康公司创始人郭台铭和电商巨头阿里巴巴的创始人马云。与过去不同，更多的新兴企业产生在贸易和高新技术行业等具有一定竞争性的行业，而不是资源和电信行业。相比之下，在拉丁美洲和东欧国家中，虽然创始人的数量也在增长，但政治关系和资源类的财富仍占主体地位。在21世纪初，非洲几乎所有的财富都是通过继承获得的，而如今，企业创始人的份额也在不断增加，其中很多来自南非，如创建非洲服装零售企业Pepkor的克里斯托夫·维泽（Christoffel Wiese）。

在新兴经济体国家中，这些白手起家的创始人占有越来越多的财富，但中东和北非以及南亚除外。在南亚国家，政治关系和金融相关的巨额财富越来越多，而中东和北非地区的继承财富则愈发居于主流，呈现出与经济全球化背道而驰的发展趋势。这是一种令人颇为不安的现象。

本章将探讨超级富豪财富在不同行业和地区的分布差异，并着重识别富豪较为集中的行业。

全球超级富豪数据

1996—2014年，全球超级富豪的财富净值增速惊人（见图2.1）。新兴经济体国家的财富净值增长始于2005年，更早时期的财富增长主要发生在发达国家。无论是发达国家还是新兴经济体国家，在2009年都经历了净资产总值的巨幅下跌，但到了2014年，两者的富豪资产总净值又分别重新超过了2008年的水平。

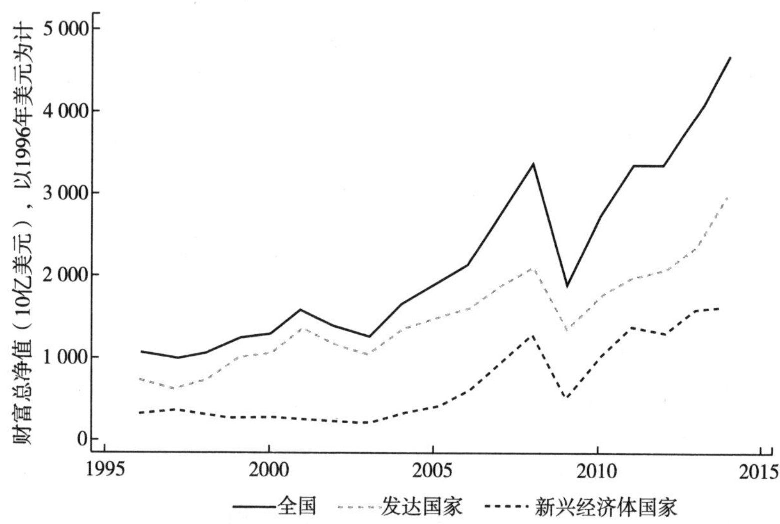

图 2.1　1996—2014 年，发达国家和新兴经济体国家超级富豪的财富总净值

资料来源：《福布斯》全球富豪榜，世界银行《世界发展指数》。

财富快速增长的行业驱动

巨额财富主要来源于五大领域：资源类、高新技术类、贸易类、非贸易类和金融类。表 2.1 展示了每个领域的主要行业类别。

资源类包括所有自然资源和钢铁行业。因为钢铁行业生产所需的关键原材料（煤炭和铁矿石）是资源行业的主要构成部分，所以该行业也归属于这一类别。高新技术类反映了计算机和医疗技术变革对超级富豪财富的影响。将贸易类与非贸易类分开，目的在于评估贸易开放度和全球化的影响。建筑业归入非贸易类。房地产归入金融类，因为该行业的投资属于资产性投资，其产出不属于用于消费的商品或服务。

表 2. 1　行业分类

类别	行业
资源类	能源（不包括风能和太阳能）、矿业、钢铁业
高新技术类	电脑技术、软件、医疗技术、太阳能和风能、制药业
非贸易类	零售、娱乐、媒体、建筑业、电信业、餐饮业、其他服务业
贸易类	农业、消费品、运输、制造业
金融类	银行、保险、对冲基金、私募、风险资本、投资、多元化财富管理、房地产
其他*	教育、工程、基础设施、体育

* 相比其他五大产业分类，该类在财富总额中的占比小于 5%。

表 2. 2 展示了超级富豪及其财富在不同类别中是如何分布的。新兴经济体国家中，1996 年，金融领域的富豪财富占比为 59%，而到 2014 年，这一份额下降到 34%。相比之下，发达国家各类别的比重则相对稳定。

表 2. 2　1996 年和 2014 年，富豪在不同类别中的数量和财富分布（%）

类别	富豪数量			富豪财富		
	1996	2014	1996—2014 年的增长贡献率	1996	2014	1996—2014 年的增长贡献率
新兴经济体国家						
资源类	8. 3	16. 2	18. 0	7. 1	21. 9	25. 5
高新技术类	0	10. 9	13. 4	0	9. 1	11. 3
非贸易类	18. 2	16. 2	15. 8	13. 4	17. 0	17. 9

续表

类别	富豪数量			富豪财富		
	1996	2014	1996—2014 年的增长贡献率	1996	2014	1996—2014 年的增长贡献率
贸易类	22.7	19.3	18.5	19.4	17.1	16.5
金融类	48.5	35.5	32.5	59.0	34.0	27.9
其他	2.3	1.9	1.8	1.1	0.9	0.9
发达国家						
资源类	5.2	6.7	7.4	4.1	4.8	5.0
高新技术类	12.4	13.9	14.6	17.0	16.6	16.5
非贸易类	29.2	23.4	20.8	29.0	26.5	25.7
贸易类	25.1	23.6	22.9	25.4	24.0	23.6
金融类	24.7	28.2	29.7	22.3	25.2	26.1
其他	3.4	4.2	4.6	2.2	2.9	3.1

资料来源：《福布斯》全球富豪榜。

地区趋势：从东亚到非洲

1996 年，仅有 40 个国家的富豪荣登全球富豪榜，到 2014 年，这个数字增长到 69 个。这些富豪来自七大地区：欧洲（分为高收入国家和新兴经济体），拉丁美洲，撒哈拉以南非洲，中东和北非，南亚和中亚，东亚（分为高收入国家和新兴经济体）和盎格鲁国家（包括美国、加拿大、澳大利亚和新西兰）。表 2.3 展示了每个地区所包含的国家和经济体。超级富豪主要集中在欧洲、东亚和盎格鲁国家（见图 2.2）。撒哈拉以南非洲地区的富豪，财富净值的占比最小。

新兴经济体中，除欧洲在2006—2008年占据主导地位之外，东亚富豪的财富总净值占比最大。2008年全球金融危机之后，东亚、拉丁美洲和欧洲的富豪财富迅速回升；相反，南亚和中亚、中东和北非地区的财富则处于停滞或下降状态。2010年以后，撒哈拉以南非洲的富豪财富略有增长。

表2.3　1996—2014年，各国/经济体区域分类

地区	国家/经济体
盎格鲁国家	澳大利亚、加拿大、新西兰、美国
拉丁美洲	阿根廷、伯利兹、巴西、智利、哥伦比亚、厄瓜多尔、墨西哥、秘鲁、圣基茨和尼维斯、委内瑞拉
欧洲	
高收入国家	奥地利、比利时、丹麦、芬兰、法国、德国、希腊、冰岛、爱尔兰、意大利、列支敦士登、摩纳哥、荷兰、挪威、葡萄牙、西班牙、瑞典、瑞士、英国
新兴经济体	塞浦路斯、捷克、格鲁吉亚、立陶宛、波兰、罗马尼亚、俄罗斯、塞尔维亚、乌克兰
撒哈拉以南非洲	安哥拉、尼日利亚、南非、斯威士兰、坦桑尼亚、乌干达
中东和北非	阿尔及利亚、巴林、埃及、以色列、科威特、黎巴嫩、摩洛哥、阿曼、卡塔尔、沙特阿拉伯、土耳其、阿联酋
南亚	印度、哈萨克斯坦、尼泊尔、巴基斯坦
东亚	
高收入国家	日本、韩国
新兴经济体	中国、中国香港、印度尼西亚、中国澳门、马来西亚、菲律宾、新加坡、泰国、中国台湾、越南

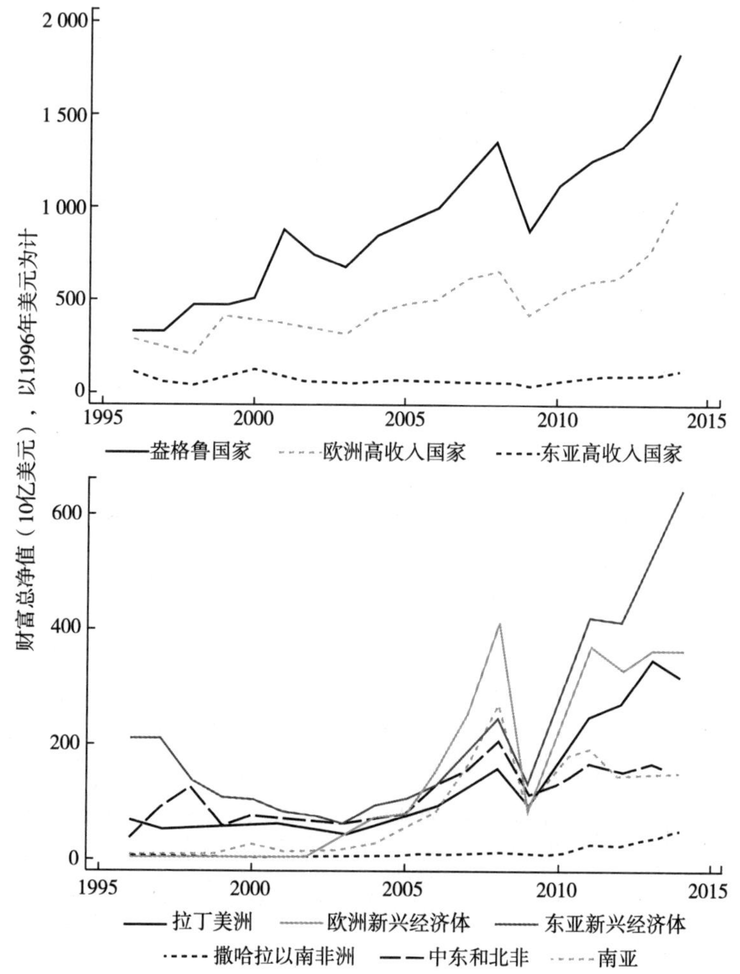

图 2.2　1996—2014 年，各区域富豪财富总净值

资料来源：《福布斯》全球富豪榜，世界银行《世界发展指数》。

东亚：商业巨子的福地

东亚富豪是迄今为止最具活力的群体，许多中国富豪的财富积累均得益于中国本土市场的巨大潜力。例如李彦宏的百度搜索引擎，其2013年的营收中超过99%来自中国国内市场。一些富豪通过贸易创造了财富，比如利用进口的美国再生纸加工成出口用包装纸的“废纸女王”张茵。其他人则通过引进他国现有产品实现了财富的增长，例如，阿西马德·哈马米（Achmad Hamami）的企业，掌控着卡特彼勒（Caterpillar）设备在印度尼西亚的生产和销售。其他企业家，如菲律宾的陈觉中（Tony Tan），其创立的快餐店快乐蜂（Jollibee）在服务当地市场之后，迅速扩张到区域内其他国家。

正是由于这一拨杰出企业创始人的出现，全球富豪中的国家和行业分布发生了巨大的转变。就国家而言，中国大陆富豪的发迹最具戏剧性。1996年，《福布斯》榜单上没有一位来自中国大陆的富豪，而到2014年，有超过40%的东亚富豪来自中国。中国的崛起也反映在继承和白手起家富豪财富份额的变化上。2001年，超过40%的东亚富豪是通过继承获得财富的，到了2014年，亚洲经济体的继承者比例已降至11.8%（见表2.4）。

另一个主要变化发生在金融行业。1997年，亚洲金融危机摧毁了金融行业的大量财富，取而代之的是来源更加多样化的财富。1996年，有69位来自东亚新兴经济体的富豪，其中64%来自东盟国家（印度尼西亚、马来西亚、菲律宾、新加坡和泰国）。到2014年，东亚富豪中，来自东盟的占比已经不到一半。新兴产业和贸易类财富已取代了金融类在东亚新兴经济体中的位置（见表2.5）。

表 2.4　2001 年和 2014 年的富豪财富来源和地区分布

地区	2001	2014		2001	2014
新兴经济体					
东亚			中东和北非		
白手起家的财富	59.4	88.2	白手起家的财富	63.6	56.4
企业创始人（非金融领域）	10.8	31.0	企业创始人（非金融领域）	22.7	17.9
企业所有人或高管	5.4	16.8	企业所有人或高管	4.6	9.0
金融领域	32.4	29.6	金融领域	22.7	15.4
资源相关、私有化过程相关或者政治资源相关	10.8	10.8	资源相关、私有化过程相关或者政治资源相关	13.6	14.1
继承财富	40.6	11.8	继承财富	36.4	43.6
富豪数量	37.0	297.0	富豪数量	22.0	78.0
拉丁美洲			南亚		
白手起家的财富	39.3	50.9	白手起家的财富	50.0	69.4
企业创始人（非金融领域）	3.6	19.3	企业创始人（非金融领域）	50.0	30.7
企业所有人或高管	0	6.1	企业所有人或高管	0	6.5
金融领域	25.0	16.7	金融领域	0	14.5
资源相关、私有化过程相关或者政治资源相关	10.7	8.8	资源相关、私有化过程相关或者政治资源相关	0	17.7
继承财富	60.7	49.1	继承财富	0	30.6
富豪数量	28.0	114.0	富豪数量	4.0	62.0

续表

地区	2001	2014		2001	2014
欧洲			撒哈拉以南非洲		
白手起家的财富	100. 0	100. 0	白手起家的财富	0	81. 3
企业创始人（非金融领域）	0	12. 3	企业创始人（非金融领域）	0	25. 0
企业所有人或高管	11. 1	4. 4	企业所有人或高管	0	18. 8
金融领域	0	24. 6	金融领域	0	12. 5
资源相关、私有化过程相关或者政治资源相关	88. 9	58. 7	资源相关、私有化过程相关或者政治资源相关	0	25. 0
继承财富	0	0	继承财富	100. 0	18. 7
富豪数量	9. 0	138. 0	富豪数量	2. 0	16. 0
发达国家					
盎格鲁国家			欧洲		
白手起家的财富	64. 0	71. 3	白手起家的财富	48. 3	49. 4
企业创始人（非金融领域）	34. 3	31. 3	企业创始人（非金融领域）	28. 7	28. 0
企业所有人或高管	9. 3	8. 7	企业所有人或高管	9. 6	7. 2
金融领域	19. 0	27. 2	金融领域	6. 1	10. 0
资源相关、私有化过程相关或者政治资源相关	1. 4	4. 1	资源相关、私有化过程相关或者政治资源相关	2. 6	4. 2
继承财富	36. 0	28. 7	继承财富	53. 0	50. 6
富豪数量	289. 0	562. 0	富豪数量	115. 0	332. 0

续表

地区	2001	2014		2001	2014
东亚					
白手起家的财富	54.8	53.7			
企业创始人（非金融领域）	35.5	40.7			
企业所有人或高管	3.2	5.6			
金融领域	16.1	7.4			
资源相关、私有化过程相关或者政治资源相关	0	0			
继承财富	45.2	46.3			
富豪数量	31.0	54.0			

资料来源：《福布斯》全球富豪榜数据。

表 2.5　1996 年和 2014 年，不同行业和地区的富豪财富和数量分布（%）

行业和地区	富豪数量			富豪财富		
	1996	2014	1996—2014 年的增长贡献	1996	2014	1996—2014 年的增长贡献
新兴经济体						
拉丁美洲						
资源类	12.5	13.2	13.5	12.7	14.4	14.9
高新技术类	0	1.8	2.7	0	1.2	1.5
非贸易类	32.5	22.8	17.6	34.6	34.6	34.7
贸易类	32.5	27.2	24.3	33.2	26.0	24.0
金融类	20.0	33.3	40.5	17.9	23.2	24.6
其他	2.5	1.7	1.4	1.6	0.6	0.3
欧洲						
资源类	0	38.0	38.2	0	55.8	56.1
高新技术类	0	1.5	1.5	0	0.7	0.7
非贸易类	100.0	17.5	16.9	100.0	13.1	12.7
贸易类	0	10.9	11.0	0	8.7	8.7
金融类	0	31.4	31.6	0	20.9	20.9
其他	0	0.7	0.8	0	0.8	0.9
撒哈拉以南非洲						
资源类	50.0	25.0	21.4	60.9	19.3	15.5
高新技术类	0	6.2	7.2	0	1.9	2.1
非贸易类	0	37.5	42.9	0	56.9	62.1
贸易类	50.0	12.5	7.1	39.0	12.9	10.5
金融类	0	18.8	21.4	0	8.9	9.8
其他	0	0	0	0	0	0

续表

行业和地区	富豪数量			富豪财富		
	1996	2014	1996—2014年的增长贡献	1996	2014	1996—2014年的增长贡献
中东和北非						
资源类	0	11.5	14.8	0	16.7	21.9
高新技术类	0	9.0	11.5	0	4.7	6.2
非贸易类	17.6	24.4	26.2	19.9	21.4	21.9
贸易类	17.7	10.2	8.2	15.6	10.4	8.7
金融类	64.7	43.6	37.7	64.5	45.9	40.1
其他	0	1.3	1.6	0	0.9	1.2
南亚						
资源类	66.6	19.4	17.0	76.6	31.0	29.4
高新技术类	0	25.8	27.1	0	31.8	32.9
非贸易类	0	12.9	13.6	0	11.0	11.4
贸易类	33.3	17.7	16.9	23.4	10.0	9.5
金融类	0	19.4	20.3	0	14.0	14.5
其他	0	4.8	5.1	0	2.2	2.3
东亚						
资源类	4.4	7.4	8.3	3.9	5.6	6.5
高新技术类	—	16.5	21.5	0	14.1	21.0
非贸易类	10.1	10.5	10.5	5.4	7.8	9.0
贸易类	17.4	23.2	25.0	15.3	21.0	23.8
金融类	65.2	40.4	32.9	74.2	50.5	38.8
其他	2.9	2.0	1.8	1.2	1.0	0.9
发达经济体						
盎格鲁国家						
资源类	9.2	7.2	6.5	7.4	5.7	5.3
高新技术类	11.4	14.9	16.2	17.6	19.8	20.3
非贸易类	31.9	20.7	16.9	31.1	24.1	22.6
贸易类	24.1	16.6	14.0	27.0	15.1	12.4
金融类	21.3	36.8	42.3	15.4	33.6	37.6
其他	2.1	3.8	4.1	1.5	1.7	1.8

续表

行业和地区	富豪数量			富豪财富		
	1996	2014	1996—2014 年的增长贡献	1996	2014	1996—2014 年的增长贡献
欧洲						
资源类	1.0	6.9	9.6	0.9	3.8	4.9
高新技术类	12.6	9.0	7.4	18.2	8.7	5.3
非贸易类	31.1	25.9	23.6	31.2	29.4	28.7
贸易类	29.1	36.5	39.7	28.0	40.5	48.8
金融类	21.4	16.6	14.4	18.1	12.4	10.3
其他	4.8	5.1	5.3	3.6	5.2	5.8
东亚						
资源类	2.1	0	-14.3	2.1	0	-24.4
高新技术类	14.9	33.3	171.4	12.5	36.8	1 085.6
非贸易类	17.0	35.2	157.2	17.3	38.9	972.6
贸易类	19.1	16.7	0	14.3	15.8	82.6
金融类	42.6	11.1	-200.0	51.7	7.1	-1 920.1
其他	4.3	3.7	-14.3	2.1	1.4	-296.3

资料来源：《福布斯》全球富豪榜数据。

拉丁美洲：财富继承水平很高，创新比例持续增加

拉丁美洲在新兴经济体中比较独特，在一开始，超过60%的富豪的财富积累是通过遗产继承而实现的。例如，由于继承了沃托兰廷（Votorantim）集团的财富，6位富豪的总身价超过125亿美元。该集团成立于1919年，起初是一家纺织工厂，后来成为巴西第一大化工企业。这反映了继承财富在拉丁美洲的重要性。

然而，近年来该地区的发展趋势发生了变化。到2014年，继承财富的比例下降到49.1%（见表2.4）。拉丁美洲的创新者

利用全球的市场机会不断发展壮大他们的企业，从而持续替代继承者的财富份额。

巴西的亚历山大·格雷顿·巴特勒（Alexandre Grendene Bartelle）就是一个典型的例子，他的制鞋企业格雷顿（Grendene）是世界上最大的凉鞋制造商，其生产的低价鞋销往国内和国际市场。2014 年，荣登财富榜的秘鲁白手起家富豪中，80% 创办了自己的企业。

最初，拉丁美洲的富豪中，非贸易类行业，尤其是零售业、媒体、电信业及建筑业占据了财富总额的最大部分，大约为三分之一（见表 2.5）。10 年后，金融业跃升至领先地位，而其他大多数行业以大致同样的份额保持增长。高新技术行业是个例外，到 2014 年，虽然有所增长，但其份额仍不到 2% 。

与其他金砖国家相比，巴西的继承财富比例很高（见表 2.6），这与其他拉丁美洲国家类似。企业创始人和高管占巴西富豪的三分之一左右，这一数字也在持续增长中。

欧洲新兴经济体：白手起家富豪的发源地

欧洲的高收入国家和新兴经济体的情形相差甚远。欧洲新兴经济体的财富正在稳步地从非贸易行业转向其他领域。相比之下，高收入国家中各行业的财富比例则随着时间的推移并没有太大的变化（见表 2.5）。

其中，最大的区别在于继承财富方面（见表 2.4）。欧洲新兴经济体中没有世代相传的名门望族，相反，欧洲发达国家的财富主要是数代人积累的结果。整体上，欧洲白手起家创造的财富和继承财富各占一半。欧洲新兴经济体的财富集聚主要依赖于资源红利，但与其他新兴经济体一样，其企业创始人的数量也在快速增长。

欧洲新兴经济体中，多数富豪的发迹得益于苏联解体后的私有化浪潮。乌克兰总统佩特罗·波罗申科（Petro Poroshenko）创建了一家小型私有企业，然后通过收购廉价的苏维埃糖果工厂建立了自己的糖果帝国。其他人则充分利用改革浪潮，以先行者身份进入高新技术领域。波兰的齐格蒙特·索罗茨－扎克（Zygmunt Solorz-Zak）抓住了国内媒体行业改革的机遇，率先创建了波兰的民营电视台。

相比其他金砖国家，俄罗斯拥有更多的依靠资源垄断及政治关系发家的财富巨头（见表2.6）。正如石油大亨弗拉基米尔·叶夫图申科夫（Vladimir Yevtushenkov）所评论的那样："你的企业规模应该与你的政治影响力相匹配。如果你的政治影响力配不上你的生意，你的生意就会难做。如果你的政治影响力超过了你的生意规模，你就是一个政客。"① 在俄罗斯富豪中，虽然企业创始人只占一小部分，但其人数在2000年后有了明显增长。除了俄罗斯，现在欧洲其他新兴经济体的富豪在资源和私有化相关行业、金融行业和企业创始人之间基本是平均分布的。

---

① 《俄罗斯被软禁的富豪》，纽约时报，2014年9月18日。

表 2.6　2001 年和 2014 年，“金砖四国”富豪财富来源分布情况　（%）

国家	2001 年	2014 年	国家	2001 年	2014 年
巴西			印度		
白手起家财富	33.3	52.3	白手起家财富	100.0	66.1
企业创始人（非金融领域）	0	21.5	企业创始人（非金融领域）	50.0	33.9
企业所有人或高管	0	7.7	企业所有人或高管	0	7.2
金融领域	33.3	18.5	金融领域	0	14.3
资源相关、私有化过程相关或者政治资源相关	0	4.6	资源相关、私有化	50.0	10.7
			过程相关或者政治	0	
			资源相关	4.0	33.9
继承财富	66.7	47.7	继承财富		56.0
富豪数量	6.0	65.0	富豪数量		
俄罗斯			中国		
白手起家财富	100.0	100	白手起家财富	100.0	98.0
企业创始人（非金融领域）	0	10.8	企业创始人（非金融领域）	0	40.1
企业所有人或高管	0	3.6	企业所有人或高管	0	25.0
金融领域		22.5	金融领域	0	23.7
资源相关、私有化过程相关或者政治资源相关	100.0	63.1	资源相关、私有化过程相关或者政治资源相关	100.0	9.2
继承财富	0	0	继承财富	0	2.0
富豪数量	8.0	111.0	富豪数量	1.0	152.0

资料来源：《福布斯》全球富豪榜数据。

中东和北非：继承财富比例不断增加，企业创始人比例持续下降

中东和北非，是唯一一个随着时间推移其继承财富占比有所增加而企业创始人比例下降的新兴经济体地区。该地区白手起家的富豪高度依赖自然资源和政治关系。由于土耳其和以色列作为两个异常值被纳入中东和北非地区，所以表 2.4 的数据其实夸大了企业创始人的份额。[①] 剔除这种影响，该地区2014年的企业创始人份额下降到6%以下，为2001年份额的三分之一（见图2.3）。

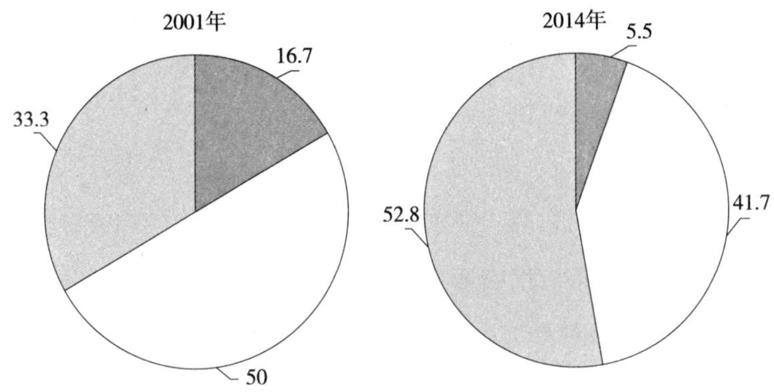

图2.3　2001年和2014年，阿拉伯富豪的行业分布情况（%）

注：《福布斯》数据，不含皇室财富。

资料来源：《福布斯》全球富豪榜数据。

在整个中东和北非地区，尤其是阿拉伯语国家，某些因素阻碍着大型民营企业的发展壮大。令人惊讶的是，虽然阿拉伯语人口超过了3亿，却没有出现一个计算机行业的富豪。（中国和印度却有很多计算机行业大佬。即使俄语人口要少得多，俄罗斯也有一位计算机行业的富豪，即俄罗斯最大搜索引擎Yandex的创始人。）而且，在消费品贸易行业，也仅有两位阿拉伯富豪。一

---

① 由于以色列直到2010年才加入经济合作与发展组织，因此将其归为新兴经济体。如将其归入发达国家类别，并不会使结果有任何明显的变化。然而，如文中所述，这依然对中东和北非地区的总体情况存在影响。

位是苏尔坦·本·穆罕默德·本·沙特·卡比尔亲王（Prince Sultan bin Mohammed bin Saud Al Kabeer），他的阿尔马莱乳品公司（Almarai）生产面向沙漠市场的奶制品，这是一个几乎没有比较优势的商业模式。另一位是阿尔及利亚唯一的富豪艾萨德·里布拉布（Issad Rebrab），他在从商之前是一位教师，于20世纪70年代下海经商，创立了Cevital公司，现在发展成为阿尔及利亚最大的制糖出口商。中东和北非地区其他国家的超级富豪通常是巨富家庭的第二代或第三代成员，如黎巴嫩的哈里斯（Harriris）家族，埃及的曼苏尔（Mansours）家族和萨维里斯（Sawiris）家族。来自该地区的男性和女性商人在全球其他地方都发挥着出众的经营才能，这表明问题的根本不是缺乏人才，而是该地区欠缺有利于投资和商业发展的外部环境。其中最有名的当属莫·易卜拉欣（Mo Ibrahim），他出生在苏丹，现在是英国公民，其创立的非洲手机企业Celtel拥有当地数十亿的用户，并最终以35亿美元的价格出售。黎巴嫩的尼古拉斯·哈耶克（Nicolas Hayek）是世界上非常成功的斯沃琪（Swatch）公司的联合创始人之一。斯沃琪是哈耶克在瑞士成功创办的第二家企业，第一家是哈耶克工程公司（Hayek Engineering），它是一家成功的管理咨询机构。叙利亚出生的法国企业家穆赫德·阿利塔德（Mohed Altrad），作为在叙利亚沙漠中长大的贝都因人，在获得奖学金赴海外留学之后，把一家破产的加拿大脚手架企业改造成了一家价值数十亿美元的企业，这是一个典型的白手起家的故事。

中东和北非地区不同行业的财富分布向来变化不大：金融和

非贸易部门是财富增长的主要动力，高新技术和贸易行业创造的财富依然很少，而且集中在以色列和土耳其两国。该地区资源类富豪的出现较晚，并不是因为他们在发展初期不重要，而是因为资源类财富传统上一直为统治阶级所掌控，而《福布斯》的统计并不包含这类数据。

撒哈拉以南非洲：变革的迹象初见端倪

在撒哈拉以南非洲，依赖资源垄断积累的财富在 1996—2011 年期间占据主导地位。但近年来，由于尼日利亚巨富阿里科·丹格特（Aliko Dangote）将他的贸易公司业务拓展到面粉、糖和水泥的生产，并延伸至整个西非地区，所以贸易类财富的创造超过了资源类财富。

南非拥有该地区一半的富豪，这些富豪拥有该地区所有的继承财富和近 40% 的白手起家财富。来自其他国家，包括安哥拉、尼日利亚、斯威士兰、坦桑尼亚和乌干达的富豪则往往是企业创始人或高管。

南亚：印度的创新财富，其他国家的资源类和政府相关财富

自然资源是南亚财富的重要来源。然而，由于大宗商品价格的下跌以及印度电脑和制药业的兴起，到 2014 年，高新技术行业创造的财富已经超过了资源行业。[①] 这两个领域的富豪财富各

---

① 2012 年，阿迪蒂·甘地（Aditi Gandhi）和迈克尔·沃尔顿（Michael Walton）通过分析 2012 年的《福布斯》数据，也同样得出了印度富豪财富积累的这一趋势。本书的这一分析与他们的结论一致，即印度富豪的寻租收益在持续下降。

占总额的40%左右。作为软件生产并为银行业提供信息技术服务的印度信息系统公司（Infosys），其6位创始人中有4位进入了2014年的富豪榜。印度一项复杂的资源许可分配计划也促使了资源类富豪的崛起。

在印度以外，尼泊尔的比诺德·乔达里（Binod Chaudhary）是该地区唯一一位不依靠自然资源或政府关系成长起来的富豪。通过将日常消费品（例如其广受市场好评的方便面品牌）从国内市场推广至整个地区市场，他将其父亲创办的尼泊尔第一家百货公司，打造成为一个国际化的企业集团。

本章小结

新兴经济体的财富来源千差万别。东亚是最具活力的新兴市场地区，拥有为数众多的财富新贵，其中大部分是企业创始人。相对于其他地区，拉丁美洲拥有最多的继承财富。新兴的欧洲国家（特别是俄罗斯）的财富积累更多依赖政府关系。在拉丁美洲、中东和北非、欧洲新兴经济体和南亚，控制资源以及政治关系仍然很重要。其中，除中东、北非以及南亚外，通过寻租收益获取巨额财富的比例在下降，而企业创始人获取巨额财富的比例在不断增加。

第二部分　巨头们的商业帝国

第三章
为什么大型私营企业有利于经济增长

自古以来，在无数哲学家的理想世界中，个人和组织都应该获得与其经营努力相匹配的经济回报，当然，回报不应过多地超出其劳动付出。但在国家的现代化过程中，发达国家已经形成了超级富豪阶层，而发展中国家也在重复这一同样的模式。在那些不是很富裕的国家中，对那些努力工作但收入却不高的人而言，超级富豪阶层及其财富的不断扩大着实让人难以接受。但本章的研究告诉我们，在新兴经济体的发展和现代化过程中，超级富豪阶层的崛起、大型民营企业的建立与经济结构改革三者紧密关联，其产生和成长是顺应发展趋势的必然结果。本章将会讨论大型民营企业及企业家如何促进了全社会生产要素配置效率的提升。从生产、增加值和薪酬的角度来看，一家拥有 10 000 名员工并且有着更高生产效率的服装企业，会比 1 000 家拥有 10 个员工的企业创造更高的利润和价值。只有当生产要素集中到最优质的企业中，才能实现最高质量的增长和发展。无论世人的好恶如何，这都会使得一部分最优秀的企业和个人成长为行业和市场的翘楚。因此，在相对贫穷的国家产生一批非常成功的企业和富有的群体，正是其经济健康发展的最好佐证。

在新兴经济体中，越来越多的大型企业成就了越来越多的企业创始人。1996 年，在《财富》世界 500 强企业名单中，只有不到 3% 来自新兴经济体。但到了 2014 年，这一比例增长到接近 30%。同年，在《福布斯》全球企业 2000 强名单中，来自新兴经济体的企业也占到 30%，是 2007 年的 2 倍。[①] 新兴经济体亿万富豪所创办的企业中，有 20% 进入了《福布斯》全球企业 2000 强名单。

新兴经济体中大型企业的出现及快速成长，促使《金融时报》在 2011 年推出了新兴经济体 500 强榜单。2014 年，上榜企业的市场总价值为 7.5 万亿美元，净收益为 7 060 亿美元，拥有超过1 900 万雇员。这一净收益总值超过了微软公司净收益的 30 倍。

过去，很多新兴经济体中最成功的企业大多集中在能源和金融领域，并且受惠于政治联结。印度瑞来斯实业公司（Reliance Industries，又名信诚工业）是亿万财富与政治联结的一个典型例证。该公司为印度首富穆克什·安巴尼（Mukesh Ambani）所创

① 《福布斯》在评估企业规模、加权后的收入、资产、利润和市场估值时使用同样的权重。

立，它是印度盈利能力最强的公司，主要业务覆盖能源和电信行业。另一个典型例证是哈萨克斯坦哈利克银行（Halyk Bank of Kazakhstan），其主要业务领域为投资和零售银行，行长蒂姆尔·库利巴耶夫（Timur Kulibaev）是哈萨克斯坦总统努尔苏丹·阿比舍维奇·纳扎尔巴耶夫（Nursultan Abishevich Nazarbayev）的女婿。

值得注意的是，一些新兴制造和科技企业的快速发展并非倚仗于这类政治和家族资源。在新兴经济体中，三分之一的亿万富豪所创立的企业都登上了全球2000强榜单，这一比例超过了榜单的平均水平。

富士康（Foxconn）在榜单中名列前茅，是中国最大的出口制造商，在全球拥有近100万名员工。和史蒂夫·乔布斯的经历相似，富士康的创始人郭台铭在创业之前为雅达利公司（Atari）工作。1974年，他和几个朋友筹集了7 500美元并创立了自己的公司。1980年，他拿下了自己的第一个大合同，为雅达利公司生产配件。此后，郭台铭很快将业务从塑料配件生产转向专利技术研发和科技产品制造。他走访了美国所有的顶尖企业，坚持不懈地推销自己的产品，直到拿到更大的订单。有商业记者认为，他发起的电子产品供应链改革堪与福特公司的生产装配线改革相提并论。[①]

---

① 弗雷德里克·鲍尔弗和高鸣灿，《制造iPhone的那个人》，彭博商业周刊，2010年9月9日。

巴西万高（WEG）公司由一名电工、一名职业经理人和一名机械师联合创建，公司以三人姓名的首字母命名，从电机制造业务起步，后扩展至包括工业自动化在内的其他领域，并在巴西、拉丁美洲、中国和印度设有工厂。

印度的巴拉特锻造公司（Bharat Forge）是一家汽车配件和机械金属锻件生产商，其收入主要来自海外销售。该公司由其主席巴巴·卡利尼（Baba Kalyani）的父亲创办，起初年营业额不足200万美元，而如今已发展成为一家市值超过20亿美元的大型企业。20世纪90年代以前，该公司以俄罗斯为主要市场，而经济改革则促使其参与更加广阔的国际竞争。现在，奥迪、奔驰和福特等汽车行业的龙头企业都已成为该公司的客户。

在成功的经济体中，大型高增长企业的涌现的确是经济学家所期望看到的。人们生活水平的提高主要源于生产力的提高。我们可以利用企业层面数据，分解出推动生产力提升的诸多因素。研究发现，在特定行业，企业间生产要素的合理配置是生产力增长的主要驱动因素（巴特斯曼和多姆斯，2000年；福斯特、霍尔蒂万格和克里赞，2001年）。当外部商业环境有利于效率最高的企业快速增长时，这类企业会从效率较低的同行那里吸引更多资源，从而推动其产能的进一步提升。随着经济的发展，一个经济体中效率较高的大型企业会雇佣更多的劳动力，并创造出更高的经济附加值。

相关实证研究揭示了三种趋势。第一，每家大型企业都与众多小企业相关联，但在产能、工作机会和贸易额等方面，大型企业都占有绝对优势。第二，效率较高企业的增长能力，很大程度上也更能够解释一个国家的生产力水平。第三，总体而言，新的工作机会主要是由大型企业和初创企业创造的。当生产要素流向行业内最具竞争力的企业时，其所在的经济体也会随之更快地发展起来。在某些行业，只有大型企业才能发挥规模经济优势，例如，年产量不到20万的汽车制造商是典型的低效率工厂。

同时，企业的发展壮大也会为个人积聚大量财富。无论是从国家还是行业角度来看，高效的大型企业更有可能驱动增长和发展，进而创造巨额财富。这类大型企业的支配地位以及超级富豪的政治影响力或许会招来争议，但毋庸置疑的是，这种发展模式有利于整个国家经济效率和总量的增长。在一定程度上，大型民营企业所面临的竞争促使其尽可能地提高资源利用率，从而增加利润。在美国和英国等相对发达和自由的经济体中，行业中最高效的企业最有可能成为最大或发展最快的企业。高效、高增长企业的崛起，在创造了巨额利润的同时，尤其会为新兴市场带来颇多益处，因为企业家比政府更有可能充分利用资本和生产要素。另外，在金融市场尚未成熟的地区，财富的集中可以为工业化所需的巨额投资奠定基础。

即便如此，大型企业的出现并不一定会带来高效的生产要素配置。尤其在商业监管不力、公司未参与国际竞争的情况下，一些效率低下的大型企业主导着市场，实际上遏制了有效的增长。与充满活力的企业不同，这类大型企业既无效率，也不希望在自由市场中竞争。因此，只有在规模和效率同步增长时，规模才是生产要素配置效率的指示器。

总体来说，随着新兴市场大型企业更多地参与全球市场竞争，其盈利水平将随着生产要素配置效率的改善而得到提升，而出口型企业很有可能成为一个国家中最具竞争力的企业。

企业规模和企业间的生产要素配置

富有的国家会越来越富有，因为这些国家能够为每个劳动者生产出更多的产品和服务。一些经济学家所持有的传统观点认为，发达国家的工人产出更高，因为他们拥有更多的资本、更好的技术和更强的能力。但实际上，这些只是部分原因。经济学家转而继续研究行业间的生产要素配置问题，并发现将资本和劳动力资源集中到效率最高的行业会极大地促进经济增长。但不只如此，同一行业中不同企业间的生产要素配置对增长和发展甚至更为重要。即使在同一个国家的特定行业中，企业间的差异也非常大。一些研究发现，与处于 10 分位的企业相比，处于 90 分位的企业生产效率高出了数倍之多：在同等投入下，高分位企业的生产率是低分位企业的 4 ~ 5 倍。①

虽然这种企业间差异广泛存在，但早期的发现研究仍然聚焦

① 数据来源于 1977 年美国制造业普查，根据查德·西维尔森在 2004 年的发现，以 4 位标准产业划分（共计 443 个行业），除了几个特殊行业外，处于 90 分位的企业生产率平均为处于 10 分位企业的 4 倍。如果继续拉大分位差异，这一差距会进一步扩大：处于 95 分位的企业生产率是处于 5 分位企业的 7 倍。根据谢地和克莱诺在 2009 年的研究，在发展中国家，这一生产率差异可能会更大。

于行业中的典型企业，通过将其要素使用及生产效率乘以一定的倍数而得出行业数据。这样的做法忽视了企业间生产要素的配置也是增长的动力之一这个因素。每个国家都有众多小型企业和一些大型企业，后者在很多产品和服务行业垄断着市场。比如，在墨西哥，沃玛（Walmex）在超市行业占有最高的市场份额，但也有很多小型连锁和个体经营商店与之竞争。在中国，阿里巴巴如同美国的亚马逊一样，是电子商务的龙头企业，但也有很多小型的垂直电子商务网站与之共存。一个国家的明星企业往往也是全球市场上的佼佼者。安海斯-布希（Anheuser-Busch）公司和三星公司分别在全球啤酒市场和智能手机市场拥有 20% 以上的份额，丰田、通用汽车和大众三家企业合计占据了全球汽车市场三分之一的份额。

更富有的国家之所以能够生产出更多的产品和服务，是因为其拥有更高的生产要素使用效率。高效的企业能够吸引更多的资源，进一步提高产出水平。相比之下，发展中国家最大的企业并不总是生产率最高的。这种企业间生产要素配置的失当，是贫穷国家之所以贫穷和中等收入国家发展停滞的重要原因之一。企业间表现的巨大差异是生产要素配置失当的标志，而这在大部分发展中国家之中普遍存在。实践经验表明，效率最高的企业可以吸引更多的资源，成长为更大的企业，其经营表现也会趋于一致。

企业规模和效率之间的相关性能够更加准确地反映生产要素的配置效率。若一个经济体中效率更高的企业拥有更大的市场占有率或增长率，则说明该经济体的生产效率更高。如果企业的业绩表现和规模不相关，则说明生产要素没有得到充分的利用。

我们来看一个具体的案例。假设中国的钢铁制造行业只有两家企业，各有100位工人。第一家企业人均生产3件产品，而第二家企业人均生产1件。如果生产要素在两家企业之间平均分配，则整个行业的平均产出为人均2件［(3×100+1×100)/200=2］。如果第二家企业的50个工人转移到更高效的第一家企业，则行业的平均产出就会达到人均2.5件［(3×150+1×50)/200=2.5］。这种企业间生产要素的调配能使生产效率提升25%。就劳动生产率的方差，即生产率高低的离散程度而言，在第一种情况下是1，第二种情况下是0.75。[①] 在第一种情况下，企业规模（以员工数衡量）和生产率是不相关的，但在第二种情况下是正相关的。

相反，如果生产率较低的企业获得增长，则意味着公共资源的滥用或者裙带资本影响的存在，这类企业的增长或许正在侵蚀着国家利益。为什么会出现这种情况呢？假设在刚才的案例中，50个工人在非市场因素的作用下从生产率更高的企业转移到生产率更低的企业，那么整个行业的生产率就会下降，企业规模与生产率将变为负相关的关系。

就像高效的大型企业会促进增长，反之则会阻碍增长的道理一样，其背后的个人若富于创造力则会受到称赞，若为裙带亲信

① 第一种情况下的样本方差为：$[100\times(3-2)^2+100\times(1-2)^2]/200=1$，劳动力重新分配之后，变为：$150\times(3-2.5)^2+50\times(1-2.5)^2=0.75$。

则会遭受人们的批判。正如19世纪“美国梦”所宣扬的，当国家处于繁荣发展的阶段时，创业者可以凭借其努力经营、坚持不懈和自力更生，推动小企业发展壮大。“自力更生”由亨利·克莱（Henry Clay）在19世纪30年代首次提出，影射了美国从农耕社会走向现代化商业社会的转变与发展。

人们之所以会对发展中国家以及部分发达国家的大型企业予以抵制，主要是出于对政治交易、垄断力量和任人唯亲的顾虑。在这些情形下，增长源自企业所有者的特定交易或者为了保护特定企业而设置的进入门槛，而这些都与企业的内在优势没有太多关系，因而效率与规模之间不太可能存在正相关关系。同样，大型企业主导的经济并不一定是健康和可持续的，部分经济学家也进行了相关的研究，揭示了任人唯亲的代价。1974年，安妮·克鲁格（Anne Krueger）使用“寻租”一词指代企业通过游说获得政府许可证的做法，并指出了这种行为对经济发展的负面影响。① 最近的实证研究利用企业层面数据和政治关系方面的信息，对这种负面影响的大小进行了估算。但经验告诉我们，最有效率的企业，其能够发展壮大的能力对经济健康与可持续发展而言是非常关键的。

① 1982年，贾格迪什·巴格沃蒂对广泛存在的、仅对个别企业有益但对整体经济不利的逐利行为进行了详细的阐述。

企业规模效应的实证

在一个井然有序且高效的企业，最有能力且奋发图强的员工能够获得晋升，他们不断获得更多的经验，提高自己的能力，最终在企业管理层获得一席之地，参与制定决策并得到更高的报酬。工作高效且有条理的员工能够成长为中层管理者，其他在特定岗位或职位上的员工能够出色完成其工作，而那些经常犯错误、不能按时上班或者给企业带来损失的员工则被解雇。

在一个运行良好的企业，员工的能力有所差异，其职业发展也各不相同；同样，在不断变化的经济环境中，企业生产效率的差异也会导致其不同的命运。高效的企业具有更高的利润率，并通过赢利再投资而获得持续的发展。而有些企业的收入仅足以抵消支出，几乎没有多余的收入用于再投资，虽然也能在市场上存活下来，但难以成长为大型企业。当然，也有些企业连成本都收不回来，只得退出市场。久而久之，每个行业都会有少数几个高效的大型企业占据行业收入和利润的绝大部分份额。

事实上，这种对比悬殊的企业规模分布在大多数国家的不同行业中的现象普遍存在，即一小部分大企业占据了产出、出口和利润的绝大部分份额。但在不同的国家，什么类型的企业能够到达这一分布的顶端、占据多大的份额则会有所不同。

这里我们将要讨论的是企业规模分布与经济健康状况之间的关系。

发达国家中大型企业占有更大份额

企业规模的分布表明，大型企业所控制的资源份额随国家发展程度的提高而增加。2010 年，在芬兰、法国、德国和英国等高收入国家中，35% 的非金融业就业岗位由大型企业创造。而在意大利、葡萄牙和西班牙等经济运行相对乏力的国家，只有不到 25% 的就业岗位由大型企业创造（见图 3.1），美国的这一份额是 53%。

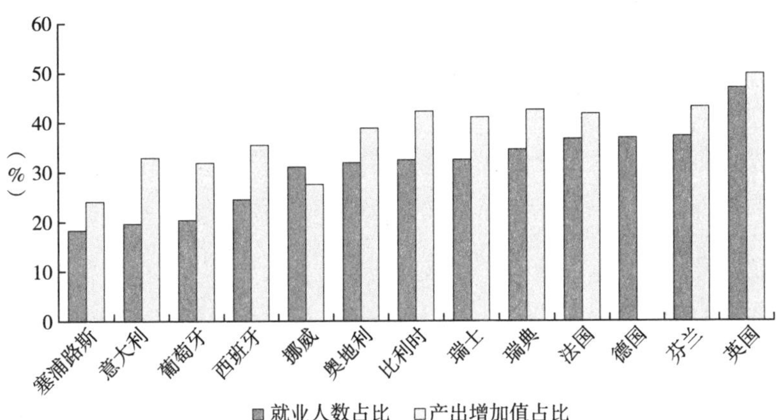

图 3.1 2010 年欧洲国家大型企业的就业人数占比和产出增加值占比

注：大型企业是指拥有 250 名以上雇员的企业，德国的产出增加值比例数据缺失。

资料来源：2010 年欧盟统计局。

如果大型企业对产出增加值的贡献率比就业贡献率更高，则说明其人均生产率要高于小型企业。西班牙和葡萄牙的大型企业对产出增加值的贡献率（平均为 34%）比其对就业的贡献率高出 10%，这意味着，如果劳动力从小型企业向中型企业甚至大型企业转移，将会带来更高的产出。

就业人数占比和产出增加值占比的差异告诉我们，劳动力的重新分配可以在多大程度上提高综合生产率。如果这一差异足够大，如西班牙和葡萄牙的情形，那么劳动力的重新分配将会极大地促进生产效率的提高。而在更加富有的欧洲国家中，这一比例差异只有 3 ~6 个百分点，说明其具有更高的生产要素配置效率。

但由于一个国家中不同规模企业的行业分布有所不同，所以这种简化的分析方法存在一定的问题。例如，西班牙和葡萄牙的比例差异可能源于其优势产业大多由劳动生产率偏低的小型企业构成，而这些小型企业所需的经营能力与大型企业存在差异，所以其雇员也不太可能向大型企业转移。

有关行业内的企业间生产要素配置的研究发现，为最好的企业提供更多的生产要素，从而助其成长为大型企业，能够在很大程度上解释国家间的产出差异。2013 年，艾瑞克·巴特斯曼、约翰·霍尔蒂万格和斯特法诺·斯卡佩特针对特定行业，计算了生产率和企业规模之间的协方差，其研究范围覆盖欧洲国家和美国。他们发现美国的生产要素配置效率明显高于法国、德国和英国。换句话说，与欧洲效率最高的企业相比，美国效率最高的企业能够吸引更多的资本和劳动力。他们还发现，在东欧剧变期间，东欧国家的企业规模与生产率之间的协方差为零（或负），而自 20 世纪 90 年代初开始出现增长，说明其生产要素配置效率在近几十年有了明显的提高。

GDP 增长率与大型企业就业人数比例之间的相关关系

美国就不同规模的私营企业就业人数比例进行了长期的统计。在过去近 20 年间，大型企业（员工超过 250 人的企业）的就业人数比例从 49% 增长到 53%。[①] 如今，这些企业的就业人数比例高于以往，说明其劳动力增长速度比小型企业更快。

美国大型企业的扩张速度几乎总是快于小型企业。图 3.2 展示了大型企业的就业人数比例变化与 GDP 增长率之间的关系。平均而言，二者均呈正向增长，表明随着经济的增长，大型企业会吸引更大比例的就业人数。两个变量之间呈正相关（0.49）关系，说明大型企业在经济增长期间往往吸引了更多的员工。

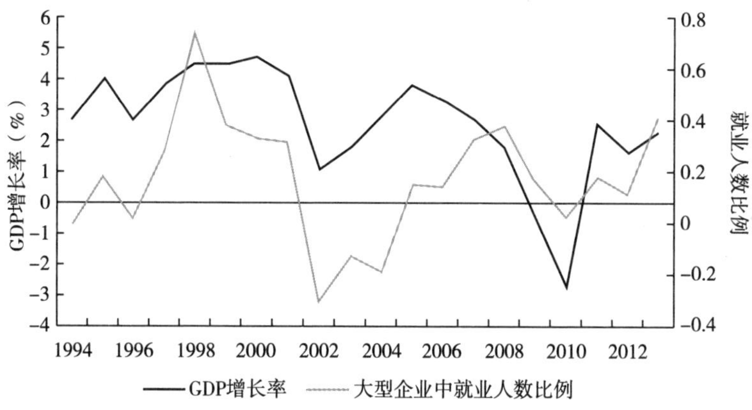

图 3.2　1994—2013 年，美国 GDP 增长率与大型企业就业人数比例的相关关系

资料来源：美国劳工统计局。

① 针对不同企业规模的定义，大型企业对于就业人数增长的重要性是不变的：如果把拥有 1 000 名员工作为定义大型企业的门槛，那么其就业人数比例则从 36% 增长到 39%。

发展中国家企业规模与经济发展之间的关系

根据世界银行的企业调研数据，我们可以对比发达国家与发展中国家在企业规模分布上的异同。在高收入国家，接近50%的就业人口供职于大型企业（员工数超过100的企业），而小型企业（员工数低于20的企业）的雇员人数只占就业人口的20%。相反，在发展中国家，40%的就业人口服务于小型企业，而只有30%的就业人口为大型企业所吸纳。随着国家越来越富有，大型企业的就业人数占比也在持续增长。

企业调研数据只覆盖了部分具有代表性的样本。另外，一些发展中国家的企业层面数据显示，国家间的企业规模分布呈现出高度偏态的特征，即富国比穷国拥有更大规模的企业。2014年，佩德罗·本托和迭戈·雷图西亚利用124个国家可比较的企业普查数据证明，随着经济的发展，企业的平均规模（以就业人口数衡量）会有所扩大：人均收入每增长10个百分点，企业的平均规模就会相应增长2.6个百分点。

在一个经济体中，小型企业通常在数量上占据很大比重，但其就业人口数或产出增加值占比却并不会很高。在中国和印度，制造业就业人口主要集中于大型企业（见图3.3）。虽然这类企业吸收了中国超过一半的制造业劳动力，但企业数量占比还不到总体的10%。

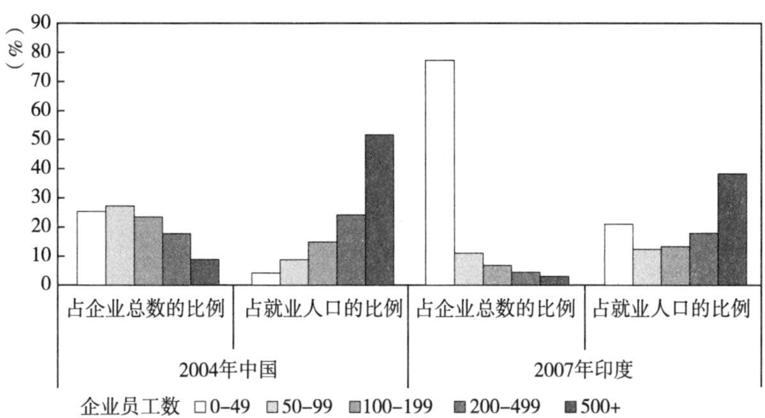

图 3.3　2004 年中国和 2007 年印度的制造业企业规模分布

资料来源：范·阿克（van Ark）等人（2010）。

对中等规模企业缺失的担忧

大量证据有力证明了高就业人口比例的大型企业有利于经济的增长和发展。但很多经济学家一直在思考一个问题，他们担心发展中国家会成为“缺乏中等规模企业”的经济体，即没有一批中等规模的企业获得成长，从而与大型企业竞争。20 世纪 70 年代，印度的政策制定者就深信中小型企业能够更好地驱动经济增长和就业，因而规定 14% 的制造业企业（涵盖大约 1 000 种产品）必须为小型企业。这一限制性政策持续了 20 多年。然而，印度制造业并没有在此期间获得蓬勃的发展，反而错过了融入全球价值链的良机。经过 6 年的过渡期，这种针对企业规模的限制终于在 21 世纪初被取消。

通过对比施行企业规模限制政策前后的经济发展状况，可以考察小型企业在有无大型企业竞争情形下的经营表现。2014 年，莱斯利·马丁、珊蒂·纳塔瑞杰和安·哈里森发现，将影响产业发展的其他因素作为控制变量，取消对企业规模的限制，可以使生产率更高的企业得以发展，从而带动就业率提高 7 个百分点。这个评估是比较保守的，因为该研究采用的是 2000—2007 年的数据，而此时全球经济正处于调整阶段。根据曼纽尔·加西亚-山塔那和何塞普·皮霍安-马斯在 2014 年的估算，取消规模限制可使人均产出提高 7%。就业率和劳动生产率的提高极大地促进了制造业的发展。允许企业扩大规模不仅有利于印度的劳动者，而且促进了产出的增长。

有跨国研究发现，“缺乏中等规模企业”是对发展中国家企业规模分布的一种错误描述。2014 年，谢长泰和本杰明·奥尔肯根据印度、印度尼西亚和墨西哥的相关数据，认为更准确的描述应该是“大型企业的缺失”。他们发现，大型企业拥有更高的平均生产率，但随着企业规模的增大，缺失的现象就愈加明显。换句话说，缺失的大型企业比中型企业要多，这也是穷国之所以贫穷的原因之一。2015 年，安娜·费尔南德斯、卡罗琳·弗罗因德和丹尼斯·皮耶罗拉根据出口方面的数据也得出了类似的结论，并将问题重新定义为发展中国家的“去顶型”企业规模分布。由于出口型企业往往是一个经济体中效率最高的企业，所以通过分析出口商的相关数据，可以更准确地考察一个国家优质企业的分布情况。研究人员发现，发展中国家出口乏力的一个重要原因是其缺少规模较大且效率极高的企业，即在规模上缺少处于顶端的企业。

更多针对发展中国家的研究都发现了类似的模式。有关非洲、拉丁美洲和世界其他国家的跨国研究发现，相比大型企业，中小型企业的效率及其对经济增长的贡献都较小。中小型企业在发达国家的占比约为 50%，在发展中国家却达到了 70%，这一差异也解释了发达国家和发展中国家在效率上的巨大差距。相比发达国家，发展中国家的中小型企业的成长可能更为缓慢。根据谢长泰和彼得·克莱诺在 2014 年的估算，如果墨西哥和印度的小型企业能如美国企业一般成长为大型企业，那么其制造业效率可获得 25% 的额外增长。

大型企业，快速成长型企业与创造就业机会

小型企业无法创造大量的就业机会：通过全面的行业调研发现，就业机会的净增长主要依赖于大型企业和初创企业。这类调研以针对美国企业的分析最为详尽，研究人员将企业（集团）整体而非分支机构作为研究对象，以避免对企业规模的错误划分。以沃尔玛为例，其每家分店都可算为一个中型企业，但只有将其所有分支机构看作一个整体，方能体现其全球最大雇主的作用。

与各类企业的子样本数据相比，经济普查数据包含了有关企业创立和退出的信息。一项有关美国企业的研究表明，如果将企业的存续年限作为控制变量，那么就业岗位的增加主要源于初创企业和大型企业。2014 年，有学者基于突尼斯的企业普查数据也得出了类似的结论：创业企业和大型企业创造了大部分的就业机会。

大型企业集聚的出口产业

出口型企业的规模分布特征甚是鲜明，处于顶端 1% 的企业占据着出口业务的绝大部分份额。美国大型出口企业的业务占比高达 80%，而这一比例在欧洲国家和发展中国家约为 50%。随着国家的发展，大量的出口业务主要源自最大的出口商（见图 3.4）。费尔南德斯、弗罗因德和皮耶罗拉在 2015 年发现，随着国家愈发富足，出口商的平均规模也会随之增长，而这主要得益于生产要素配置效率的提高：最有效率的企业吸收了更多的资源，同时也输出了更多的商品。

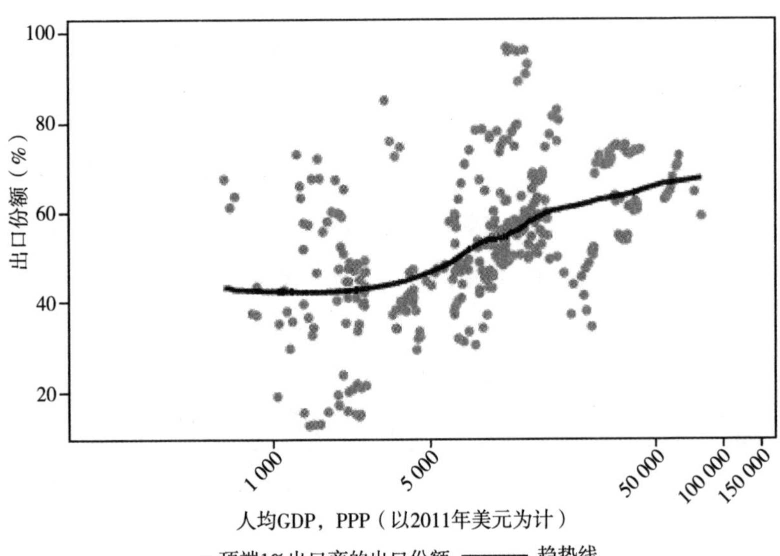

图 3.4　1995—2014 年，人均 GDP 和处于规模分布顶端 1% 出口商的出口份额之间的关系

PPP = 购买力平价

注：不同国家的统计年份存在差异。

资料来源：出口份额（世界银行，出口商动态数据库），人均 GDP（世界银行《世界发展指数》）。

大型企业通常在全球范围从事生产和贸易。在美国，这类企业与关联方之间的贸易额（母公司与子公司之间的贸易）占到了出口总量的三分之一。2009 年，安德鲁·贝纳德、布莱德·詹森和邵彼得发现，这些全球化经营的企业不仅主导了全球贸易链，而且主导着与之相关的就业市场。

欧洲也存在相似的模式，在更加富有、经济表现更佳的国家，出口业务主要集中在大型企业。在法国、德国和英国，大型企业的出口占比约为出口总额的 70%。而在意大利、葡萄牙和西班牙，这一比例仅为 52%~56%。

单个企业对于出口的重要性

在新兴经济体中，每家位于规模分布顶端 1% 的企业都占据着很大的出口份额。2015 年，弗罗因德和皮耶罗拉基于 30 多个发展中国家样本数据的研究发现，最大的出口型企业平均贡献了全国 15% 的出口份额，其中最大的 5 家出口企业占据了三分之一的出口总额。

这些发现意味着，引进一个“超级明星级”出口型企业足以推动一个经济体的产业转型。① 国家有时会通过吸引外资（如英特尔在哥斯达黎加的投资，成就了该国在半导体领域的竞争优势），或依靠本土投资（例如，艾哈迈德·佐鲁及其所有的伟视达集团极大地推动了土耳其的出口增长），以达到这个目的。无

① 如果一个国家某产品的出口份额高于全球平均出口份额，那么这个国家就在该产品上拥有相对竞争优势，这意味着该国在这种产品的生产上具有更高的效率。

论投资源自何处，这些企业及其经营者都可以促进其所在经济体的出口更加多元化。

个体的重要性

在传统的管理学文献中，“所有的企业都是一样的”，个体并没有那么重要。人们认为，资源、劳动力和技术很重要，而企业领导者是可替代的。此外，由于大型企业的权力分散，所以个体的作用更为单薄。

然而，实践经验却与常识相悖。越来越多的研究表明，企业的领导者极为重要。大型私有企业能够促进经济增长，但真正推动企业成长的是企业领袖，特别是在企业的起步阶段。1985 年，乔布斯被迫离开苹果后，公司陷入了衰落的漩涡；10 年后，他顺利回归并改写了苹果公司的命运，使苹果成为美国最伟大的科技企业。在创建成功的大型企业集团方面，沃伦·巴菲特业绩显赫，虽然企业财务专家认为他所遵循的模式不够高效。无论其成功是缘于超群的眼光，还是对优质企业的吸引力，他的成功都说明了个体的重要性。

2011 年，塔伦·卡纳、宋在庸和李京默将三星在全球的成功归功于企业二把手李健熙所推行的创新举措。他制定了经营战略，即确保三星积极采纳西方的最佳实践，包括基于业绩考核的薪酬体系和对优秀员工的快速提拔。他派遣高管接受外部培训，积极引进外部人才，确保针对企业架构和创新的长期投资不受短期财务波动的影响。在一个尊崇资历和忠诚的企业中，这些转型非常困难。三星电子（三星集团旗下企业）从外部空降的首席营销官，通过其出色的市场营销战略活动使三星成为全球顶尖电子消费品牌，并广受市场赞誉。外派的三星员工积极学习外语和当地文化，帮助三星成功进入包括泰国和印度尼西亚在内的国际市场。通过与美国帕森斯设计学院等顶尖设计公司合作，三星从行业追随者变身为领跑者。在李健熙任内，三星从韩国市场的领导者成长为全球市场的领导者。对此，卡纳、宋在庸和李京默评价道："三星的品牌价值比百事、耐克和美国运通都要高。"

同样，新兴经济体中那些充满活力的企业领导者也展现出了同样的特征。当硅谷的巨头们关注智能手表和自动驾驶汽车的时候，中国高科技企业的领袖们则致力于通过技术服务满足中国消费者的需求。例如，针对消费者最为担忧的食品安全问题，高科技企业研发出了一款应用程序，可以展示产品从农场到货架的整个生命周期。百度的李彦宏正在研究智能筷子，用以测试地沟油（很多疾病的主要来源）的酸碱度和卡路里。马云则致力于确保阿里巴巴的货物符合农药残留的严格标准。①

巴西美妆集团 Natura Cosmeticos 是巴西最大的化妆品企业，其领导者安东尼奥·柳兹·西布拉（Antonio Liuz Seabra）带领企业研发了一款环境友好的纯天然化妆产品，且秉持不以动物做实验的原则，在《企业爵士》（*Corporate Knights*）的全球最可持

① 亚历山卓·史蒂文森和保罗·摩奥儿，《从农场到餐桌，中国科技公司助你吃得放心》，纽约时报，2015 年 3 月 2 日。

续公司排名中位居第二。安东尼奥·柳兹·西布拉还是将直销模式引入巴西的第一人，并利用社交网络将其业务扩展到其他拉美国家。1969 年，无论是其产品开发还是客户覆盖，都可谓一个时代的先锋。

新加坡的薄饼大王魏成辉 6 岁时从中国移居新加坡，由于学习英语困难，中学便辍学了。他的第一次创业以失败告终，而创办的第二家机械维修企业则取得了成功。然而，他的巨额财富却是来源于其开创的一种生产薄饼（春卷）的全新方法。在他购买这家薄饼公司之初，公司只有 23 位员工，每天仅生产 3 200 张饼。通过引入机械化生产流程和技术，公司的日产量增长至 3 500万张，其中 90% 的产品都销往了海外市场。该公司为整个亚洲的消费者带来了物美价廉的薄饼，也为其个人带来了巨额的财富。①

通过梳理近年来的管理学文献，我们可以发现，企业的规模和价值与其领导者息息相关。2008 年，泽维尔·葛兰海克斯和奥古斯丁·兰蒂尔发现，从长期来看，不同国家和企业的首席执行官的薪酬变化模式可以从企业规模中得到解释。他们发现，1980—2003 年间，美国首席执行官的报酬增长了 6 倍，这与该时期大型企业的市值增长率相一致。

2003 年，玛丽安·贝特朗和安托瓦内特·斯考尔基于 1969—1999 年美国 800 强企业的数据发现，长期而言，如果企

---

① 《商业领袖》，金融时报（财富板块），2015 年 6 月。

业投入和其他影响企业表现的要素不变，那么首席执行官的作为可以在很大程度上解释企业政策和产出的变化。与表现平平的领导者相比，那些最优秀的管理者往往能带领企业取得更加优异的经营业绩。

诚然，将管理人员的任期作为考察对象会给研究带来一定的局限性，因为当企业表现不佳而辞退管理人员时，其结果与聘用优秀管理者的结果大同小异。为了克服这种局限，萨沙·比彻和汉斯·赫维德在 2013 年将创业者的猝死现象作为研究对象，认为该指标能更好地反映领导层的变化。根据挪威的数据，他们发现创业者的猝死现象与企业的低增长和高离职率相关，当创业者拥有更高水平的人力资本时，这种影响会更加明显。

2007 年，班纳森、佩雷兹-冈萨雷斯和沃尔芬森利用丹麦的数据，进一步探究了首席执行官的意外去世会对企业产生怎样的影响。研究发现，首席执行官的意外去世会导致资产回报率平均下降 11%，对快速发展的行业影响更大。美国的研究发现，首席执行官的影响巨大并呈现上升趋势，在 1950 年，该影响会导致资产回报率下降 10%，而在 21 世纪其所导致的下降幅度则高达 20%，这在大型企业中尤其明显。[①] 正是得益于首席执行官的才能，许多私营企业的表现通常比一些国有企业更佳。伟大企业的创立者几乎无可取代，这也解释了为什么他们能获得极高的

① 华特·弗里克，《研究报告：当前首席执行官的重要性远超往日，特别是在美国》哈佛商业评论，2014 年 3 月 12 日。

回报。

2013 年，普瑞斯维拉吉 · 乔杜里和塔伦 · 卡纳对 42 位印度国有研发类企业的领导者进行了研究。他们发现，官僚决策而非企业业绩对管理层的流动率具有决定性的影响，而管理层的变动导致了政府补助项目中 3%~15% 的专利数量的变化。

2012 年，蒂莫西 · 奎格利和唐纳德 · 汉布里克以另一种方式研究了企业任新领导者在决策受限时的反应，以考察个人才能及权力的影响方式。以 181 家高科技企业的首席执行官继任者为研究对象，他们考察了在新领导上任时，上任领导仍在管理层保有席位的影响。研究发现，保留前任首席执行官在董事会的席位将会限制新任首席执行官的权力，降低其推动变革的能力，这种影响涉及有关并购、资产剥离或管理层结构重组等方面的重要决策。此外，这种限制还会降低新任首席执行官提高绩效的可能性(但导致绩效恶化的可能性不会受此影响)。总之，他们的研究结果证明，首席执行官的权力是明星企业之所以成功的一个重要原因。

在发展中国家，企业领导层的影响甚至更大，特别是在企业创始人或其后代积极参与企业管理的情况下。2005 年，瑞恩 · 亚当斯、埃托尔 · 阿尔梅达和丹尼尔 · 费雷拉发现，当首席执行官拥有更多的决策权时，企业业绩的积极变化幅度会更加明显。基于《财富》世界 500 强企业的数据，他们发现，如果首席执行官具有更多的权力，特别是具有更多结构性权力时，即首席执行官的权力高于董事会和其他高层管理人员，那么企业业绩更有可能出现极端情形（最佳表现和最差表现）。此外，当企业创始人兼任首席执行官时，企业的利润可能会提高20个百分点。

新兴经济体中正在崛起的企业巨头

巨额财富的增长与以下四个国家大型企业的崛起密切相关：巴西、俄罗斯、印度和中国。1996年，《财富》世界500强和《福布斯》亿万富豪榜还很少见到这些国家的企业和企业家的身影（见图3.5）。而2014年，这四个国家的企业和个人在这两个榜单中都占据了超过20%的份额。预计到2025年，新兴经济体的企业和个人在其中的份额将分别上升至45%和50%。

2013年，巴西、俄罗斯、印度和中国排名前五的上市公司总产值分别占其国家GDP的14.6%、20.5%、15%和14.9%。如此之高的集中度并非异常现象，即使在美国这个更加成熟的市场（2013年，其上市公司数和GDP分别是中国的两倍），其排名前五的上市公司总产值也占其GDP的10%。[①]

尼古拉斯·拉迪是彼得森国际经济研究所一位研究中国经济的专家，他的研究尤其强调民营企业在中国经济增长过程中的重要性。虽然中国最大的企业大都是国有企业，但民营企业的增长日益迅速。1978年，国有企业占工业产值的比重接近80%，1990年降至略高于50%的水平，到2011年则仅剩四分之一的份额。2011年，大约2.5亿的中国城镇工人在民营企业就业。1978—2011年，95%的中国城镇就业增长都源自民营企业的贡献。

① 公司数据来源于彭博社，GDP数据来源于世界银行。

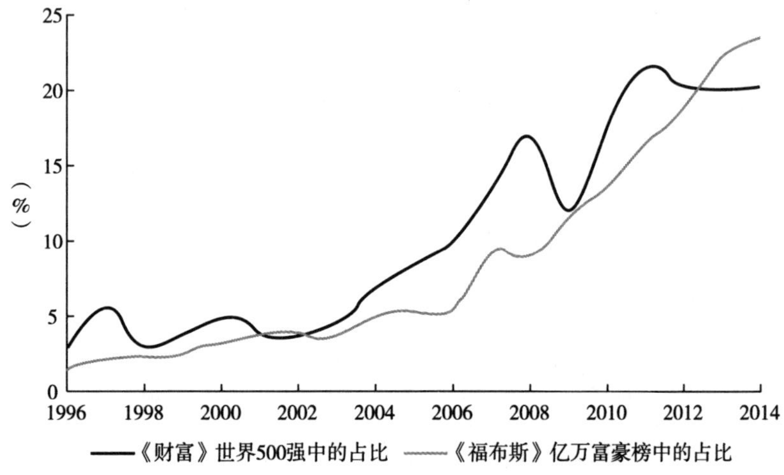

图 3.5 1996—2014 年，巴西、俄罗斯、印度和中国在《财富》世界 500 强及《福布斯》亿万富豪榜中的占比

资料来源：《财富》世界 500 强和《福布斯》亿万富豪榜数据。

大型企业与超级富豪的关系

图 3.6 描绘了 2014 年所选国家在《福布斯》全球 2000 强企业排行榜和《福布斯》亿万富豪榜中的占比。落在 45 度斜线上的数据点表示一个国家在二者中的占比相等。从图中我们可以得出三点结论：(1) 大型企业和巨额财富相生相伴。(2) 中国和美国在这两个指标上都表现突出。(3) 部分国家只在其中一个指标上表现突出。相对于大型企业占比，巴西和俄罗斯拥有更多的超级富豪，这在一定程度上反映了政治与资本在这两个国家中的关联，而其他新兴经济体的巨额财富则更多地由市场造就。日本的情况也比较特殊，与大型企业的份额相比，其产生的超级富豪相对较少。

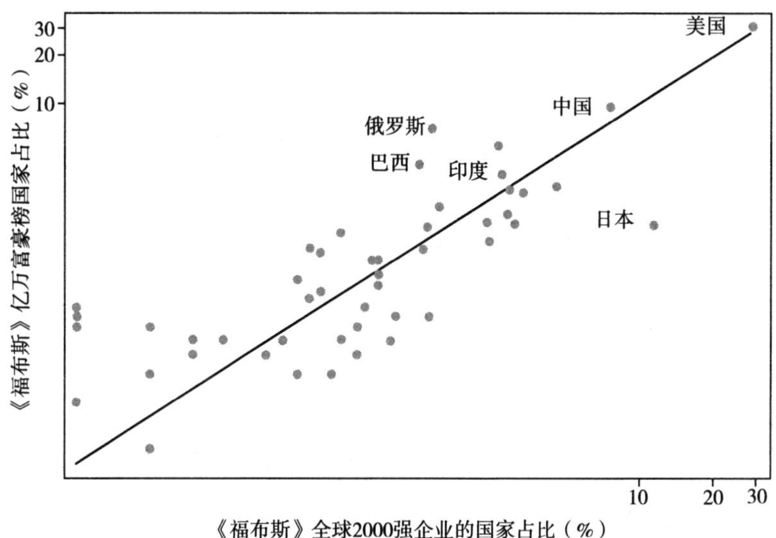

图 3.6 2014 年巨额财富占比与大型企业占比的关系

资料来源：《福布斯》全球 2000 强企业排行榜，《福布斯》亿万富豪榜。

新兴经济体增长背后的大型企业

新兴经济体中的大型企业及其创始人为结构性改革和经济增长提供了不竭的动力。1996—2014 年，巴西、俄罗斯、印度和中国对新增财富的贡献率共计 30%，在《福布斯》世界 500 强新增企业榜单中的占比甚至更高。其间，这四个国家对全球实际增长的贡献率超过 40%（控制汇率波动的影响，以购买力平价计算）。

1981 年，安东尼·范·阿格塔米尔在筹划设立一家旨在为活跃的企业筹集资金的股票基金时，首次使用了“新兴市场”一词，以消除“第三世界”一词所含有的各种歧视色彩。2011

年，法里德·扎卡瑞亚在《后美国世界》一书中以“其他大国的崛起”指代亚洲国家和其他新兴市场的高速增长和财富积累。2011 年，阿文德·萨勃拉曼尼亚在《黯然失色：生活在中国经济主导的阴影下》中描绘了未来美国在中国的帮助下摆脱经济危机的假想情境。这些作者不约而同地注意到了新兴市场经济显著增长的驱动力量，即大型企业及其创始人。

本章小结

巨额财富在新兴经济体中的涌现是经济发展和现代化进程的必然结果。如果这是大型企业积极参与出口产业竞争或国内其他产业自由竞争的结果，那么巨额财富的积累将更有助于促进经济发展。总体而言，大型私营企业及其创始人能够提高一个国家的资源配置效率。

越来越多的研究证明了产业内和企业间资源配置的重要性。这也同样佐证了高效和大型企业对于经济发展的重要性。当生产要素流向最优秀的企业时，一些明星企业便会占据主导地位，推动整体效率的提升。高效的大型企业通常会获得巨额的回报，这意味着在一定程度上，巨额财富在新兴经济体中的涌现或许是一个有益的征兆，至少在高度竞争的行业中，这是一个积极的信号。

不仅是大型企业，中小企业的重要性同样不容小觑。非凡的企业绩效往往与特定的领导者及其推动企业变革的力量密切相关。这些高效大型企业的创始人也因此获得了巨额的回报，使巨额财富与大型企业之间建立了某种关联。

第四章
发展的历史经验——大型企业和巨额财富

巴斯夫、拜耳和赫司特（现在的安万特[①]），这三家大企业都诞生于19世纪末，是德国专门从事合成染料的化工企业。当时，合成染料刚被英国人威廉·珀金（William Perkin）发明出来，主要服务于大型纺织工业。染料生产的最主要原材料煤炭也盛产于英国，因而该产业在英国的起步最早。无论是从创新、资源，还是从市场潜力的角度来看，英国都应处于市场的领导地位。19世纪80年代，德国建立了可以生产300～400种染料的工厂，而此时英国的工厂只能生产30～40种染料。德国企业也创建了营销团队（例如，拜耳组建了销售团队，与全球20 000多位客户合作）。到1913年，全球16万吨染料产量中，三分之

① 2004年与赛诺菲合并为赛诺菲·安万特（Sanofi-Aventis）。——译者注

二都是来自这三家企业。类似的策略也使德国企业主宰了制药和其他化工行业。

德国化工产业的发展主要得益于少数几个专业人士的奋斗及其巨额投资组建专业企业，这使德国专业企业取代英国中小型企业，控制了电器设备、钢铁和办公设备产业。结合德国、美国和其他工业化国家的经验，历史学家艾尔弗雷德·钱德勒写道："在整个20世纪，大型企业一直是经济增长的引擎，主导着现代经济的转型。"这一结论也适用于近期新兴经济体的快速增长。

这一时期的德国实业家包括西门子公司的维尔纳·冯·西门子（Werner von Siemens）和约翰·乔治·哈尔斯克（Johann Georg Halske）、戴姆勒奔驰的卡尔·本茨（Karl Benz）和戈特利布·戴姆勒（Gottlieb Daimler）、德国通用电力公司（AEG）的瓦尔特·拉特瑙（Walther Rathenau）、拜耳的弗雷德里希·拜耳（Friedrich Bayer），巴斯夫的弗雷德里希·恩格尔霍恩（Friedrich Engelhorn）、蒂森克虏伯钢铁公司（Thyssen-Krupp Steel）的奥古斯特·蒂森（August Thyssen）和弗雷德里希·克虏伯（Friedrich Krupp），以及安联保险集团（Allianz）的威廉·冯·芬克（Wilhelm von Finck）。现在所有这些企业仍在持续发展，尽管20世纪20年代的经济危机和第二次世界大战期间，这些实业家的财富有所缩水，但其中很多人的后代目前仍然是德国最富有的人。

这些德国工业巨头崛起的案例证明，工业革命与大型企业和拥有巨额财富的实业家是密不可分的。本章将会梳理美国和欧洲发展的历史，以及近年来实现了工业化的亚洲国家的相似经验。超大型企业和殷实的实业家是这些经济体快速增长的关键因素。尽管这些企业与政府联系紧密，但它们仍面临着同行之间激烈的竞争。对此，它们不依仗关系上的便利，而是通过自我突破、抓住新的机会，不断突围走到顶端。相反，那些曾经试图不以借助于个人财富而使大型企业走向成功的努力都失败了，就如同希望不依赖大型企业的成功而使国家经济得到发展的尝试一样也无疾而终。第一种情况普遍见于社会主义国家，国家支持大型企业的发展，但缺乏市场竞争来确保生产要素分配机制和人才尽用的激励机制。第二种情况（没有大企业的财富增长）则发生在另外一些国家，即由国家来控制的投资过程，阻碍了充分的竞争、创新和投资。如此一来，财富没有聚集到经济效率最高的企业，而是聚集到政治关系最强的企业。一个受政府偏袒的企业可能在国内表现良好，但事实证明这些企业很难在全球竞争中取得优势。

工业化进程中的大型企业与巨额财富

1790 年，塞缪尔·斯莱特（Samuel Slater）在罗得岛州建立了美国第一家纺织厂。到 19 世纪末，其 40% 的工业化设施为机械化生产线，并雇用了当时美国 20% 的劳动力。伴随着工业化过程中产业中心的诞生与发展、工人规模的扩张和巨额财富的积累，国家经济也得以不断转型。

印第安纳州波利斯市的经济发展是美国城市工业化的一个典型缩影。1850 年，该市的大型工厂仅吸纳了不到 5% 的劳动力，而 30 年后这一比例上升到了 60% 左右。工厂支付的工资比小作坊要高 10%~25%，越大的工厂支付的工资越高。从小作坊到机械化生产，不仅使企业创始人变得更加富有，而且促进了中产阶级的诞生，从而使经济发展的成果能够惠及更多的阶层。

新兴市场正处在类似的发展阶段。金砖国家（巴西、俄罗斯、印度、中国和南非）的人均收入与 1840—1929 年的美国相当（见图 4.1）。1996 年的巴西对应着美国在第一次世界大战之初的发展阶段；俄罗斯和南非对应着处于世纪之交的美国；印度的发展相当于美国 1845 年的水平；中国则与美国 1880 年前后的发展持平。金砖国家最近几十年的增长速度与美国在 1840—1927 年的增长速度相当，甚至更快（见图 4.1）。

a. 1840—1929 年的美国人均收入与 1996 年金砖国家人均 GDP

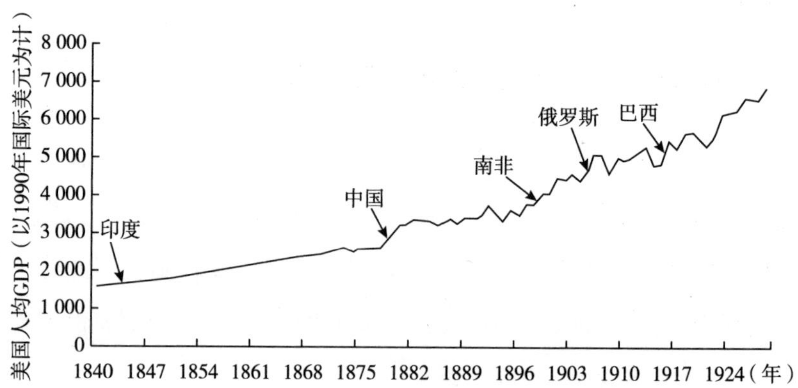

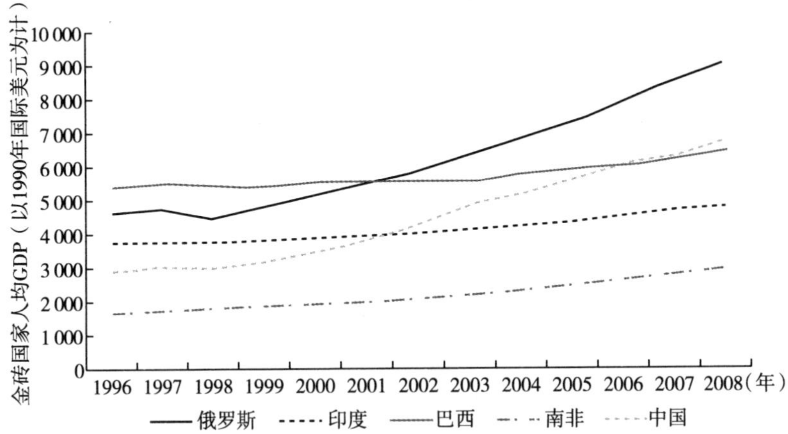

图 4.1　金砖国家人均收入所对应的美国不同发展阶段

资料来源：麦迪逊项目（Maddison Project），2013 年，www.ggdc.net/maddison/maddison-project/home.htm。

全球市场进入门槛的降低驱动了金砖国家的快速增长。图 4.2 展示了美国经济在 20 世纪初迸发式的增长，同时对比了美国人均国内生产总值从 1890—1908 年的变化趋势，以及中国在 21 世纪初前后的增长趋势。即使与美国相似的发展阶段相比，中国最近几十年的增长速度也是非常突出的。中国人均 GDP 在过去 18 年增长了两倍多，远高于美国同期 50% 的增幅。这主要得益于交通运输和交易成本的降低，大型企业因此更容易进入国内外市场，从而促进经济快速增长。

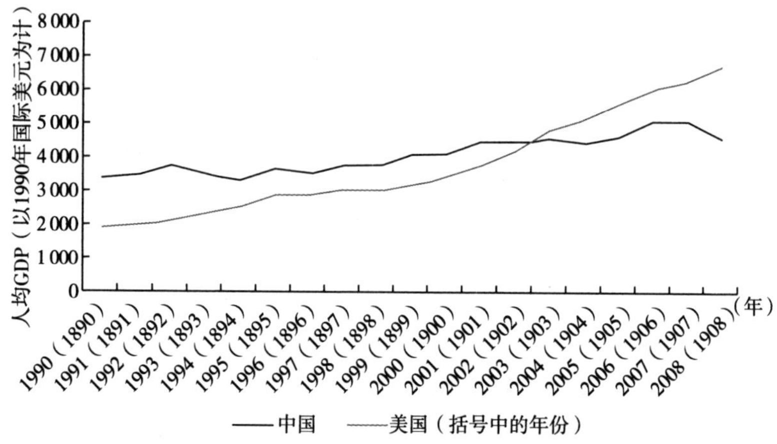

图 4.2　1990—2008 年中国与 1890—1908 年美国的增长对比

资料来源：麦迪逊项目，2013 年，www. ggdc. net/maddison/maddison-project/home. htm。

美国工业化进程中的大型企业和巨额财富

美国的工业化为其创造了巨额的财富。安德鲁·卡内基（Andrew Carnegie）、约翰·D. 洛克菲勒（John D. Rockefeller）和科尼利尔斯·范德比尔特（Cornelius Vanderbilt）等诸多家喻户晓的富豪都是在这段时间发家致富的。新技术和规模经济使大型企业的竞争力超出小企业数倍之多。这些企业极大地提高了生产率，而交易成本的下降又使其得以在全球范围参与竞争。

19 世纪 80 年代，烟草行业诞生了分别用于生产和包装的机器，这两项发明使詹姆斯·B. 杜克（James B. Duke）的美国烟草公司迅速在欧洲和亚洲市场取得了竞争优势，即便英国的帝国烟草公司（Imperial Tobacco）也在当时占据着市场领导者的地位。在食品和饮料行业，高速罐装线和之后发明的瓶装线大大提高了产能，并推动了很多企业的快速崛起，如亨氏、金宝汤、拥有德尔蒙品牌（Del Monte）的加利福尼亚州包装公司（California Packing）、安海斯-布希（Anheuser-Busch）和可口可乐。将木材加工为纸张的新机器则催生了国际纸业企业的诞生。安德鲁·卡内基创建了一家集炼焦、高炉和浇铸轧制过程为一体的大型企业，使钢铁价格从1880年的每吨68美元降至1898年的每吨18美元。约翰·D. 洛克菲勒在20世纪70年代确立了其在石油行业的统治地位，通过建造美国最大的炼油厂，他将每加仑煤油的成本降低了一半。

虽然生产的日益集中最终导致了反托拉斯法的出台，但这些人在起初创建企业时，所面临的市场和行业环境是充满竞争的。推动钢铁行业降低成本的一个重要因素就是市场竞争，这种竞争不仅发生在美国国内的生产企业之间，英国企业也同样是它的市场竞争对手。洛克菲勒专注于提高生产率，进而提升国际竞争力。标准石油公司（Standard Oil）的建立降低了大型炼油厂的建造成本，使其在全球石油市场以更低的价格与俄罗斯和东印度石油公司竞争。

远洋运输等服务业同样受益于较低的进入壁垒。美国政府大量补贴航运巨头爱德华·柯林斯（Edward Collins），以打造大型蒸汽轮船并提供海外邮寄的服务，从而与英国竞争国际市场。科尼利尔斯·范德比尔特拥有在哈得孙河从事轮船运输的经验，能够以更低的价格提供邮寄服务。他致力于提供稳健可靠的船只和运力，推出了如三等票价等创新服务。依靠创新手段和低成本优势，他最终迫使柯林斯退出了市场。

许多至今仍享誉全球的大企业都诞生于这个时期，如通用电气、埃克森美孚、福特、亨氏、可口可乐和美国钢铁公司。这些创始人的后代也仍然非常富有。

“强盗贵族”与新兴市场大亨

如果比较一下前28位最富有的美国“强盗贵族”、前28位20世纪50年代白手起家的富豪，以及前28位当今新兴经济体中白手起家的亿万富豪，结果会怎样？除了2001年，资源类富豪占据着最大的份额以外（见表4.1），一个重要的区别是，在新兴市场的亿万富豪中，贸易和金融类富豪明显更多。可见，贸易领域的竞争性更强，这是一个积极的信号。

表4.1　美国和新兴经济体中最富有的28位富豪所在的行业（%）

行业类别	美国		新兴经济体	
	19世纪	1957年	2001年	2014年
资源类	36	50	14	43
非贸易类	32	25	14	7
金融类	21	7	57	29
贸易和新产业	11	18	14	21

资料来源：约瑟夫森（1934），伦德伯格（1968），《福布斯》亿万富豪榜。

缺乏大型企业的国家的发展

19世纪末至20世纪初，美国和德国都诞生了一批家喻户晓的超大型企业（5 000人以上的企业）。这种模式在比利时、荷兰、瑞典和瑞士也很普遍。

而欧洲最小的经济体却有所不同。在其他国家的工业化过程中，丹麦和挪威只诞生了一两家大型企业。丹麦只有嘉士伯啤酒公司（Carlsberg），挪威也仅有主营化工产品的海德鲁公司（Norsk Hydro）和挪威国家石油公司（Statoil）。这是国家刻意限制大型企业和富有企业家发展的结果吗？如果是，那么这两个国家又是如何发展的呢？

这两个国家有两个突出的特点。第一，丹麦和挪威都非常小，在1900年仅有200多万人口。第二，两国人民的受教育程度都相对较高，且注重农业研发投入，生产效率极高。其发展早期主要依赖欧洲的农产品市场，通过满足邻国对农产品的大量需求而获得了发展，而不是从工业化过程中直接受益。贸易开放的传统使之由农业起步，并将此作为标准的长期发展路径。

丹麦最初专门从事农业生产，特别是乳制品的生产。在世纪之交，其唯一的大型企业就是嘉士伯啤酒公司。在其他欧洲国家的工业化过程中，丹麦的成功可谓天时地利加之开放贸易的结果。即便欧洲国家日益富有，对优质动物产品的需求越来越大，丹麦和挪威也恰恰能满足这一需求。在出口优质但易腐的农产品方面，这两个国家具有得天独厚的优势。

然而，一旦农业结构发生变化，丹麦民众就会面临失业问题。所幸的是，超级富豪及其企业最终推动了国家的现代化。就丹麦当前的人均收入水平而言，该国的亿万富豪数量比基于跨国数据的预测结果还略高一些。与之相关的大型企业有乐高（LEGO）、绫致时装（Bestseller）、居适家（JYSK）、康乐保医疗用品（Coloplast）和爱步（ECCO），这些企业都得益于贸易的开放（而非金融和资源垄断）。

挪威的发展与丹麦相似，即至少有一家大型企业在国家发展初期发挥了重要作用。作为挪威的第一家大型企业，海德鲁公司是由瑞典版的“洛克菲勒家族”——瓦伦堡家族（Wallenberg family）出资、挪威实业家和工程师山姆·海德（Sam Hyde）创立的。该公司利用科学家克雷斯蒂安·伯克兰（Kristian Birkeland）研发的创新技术生产能源和化肥，为挪威发展成为农业强国奠定了基础。时至今日，该公司依然位居《福布斯》全球2000强企业榜单之上，瓦伦堡家族也仍然是瑞典最富有的家族之一（尽管其64亿美元财富大多流入基金会中）。在那之后，大型的船运和石油公司也陆续在挪威建立。如今，挪威的亿万富豪密度与基于其国家发展阶段的预期结果相符。

这些国家的发展路径都是独特的，发展初期主要由全球市场需求、小规模农业生产和贸易驱动，后期则回归到依赖大型企业推进工业现代化的传统路径。

亚洲的大型企业和巨额财富

美国、德国和其他欧洲工业化国家并不是唯一见证了大型企业崛起的经济体，亚洲的一些经济体也经历了类似的过程。

日本的商业和财富

二战以前，日本的财富主要由财团（单一家族控制的企业集团）控制，其四大财团分别为三井（金融和贸易）、住友（采矿）、三菱（运输）和安田（银行和保险）。随着新兴产业的发展，这些集团也在不断扩张，如三菱集团已将业务从运输业延伸至煤炭、造船、钢铁和海运保险等相关领域。

日本的工业化变革始于二战之后，当时盟国驻日机构或解散或重组了近乎所有的财团。新的非正式商业组织体系经连会（keiretsu）与财团的结构相似，只是所有权不及后者集中。此时大型民营企业的崛起和繁荣已势不可当，为数不多的几大家族虽然仍对经济具有举足轻重的影响，但并未在经连会占据主导地位。经连会企业在数量上仅占0.1%，但其营业收入却占日本战后国内生产总值的25%。这一转型过程带来的最大改变是：相比1944年，1954年最富有的100个人中，没有一位在10年前就如此风光。

其他亚洲国家的成功

在韩国，三星、现代和大宇等大型企业集团都是由财团所创建。1973年排名前30的财团在国内生产总值中的占比不到10%，但到20世纪80年代中期，这一占比超过了30%。工业化之后的财团家族仍然对大型企业享有绝对的控制权。现在，单是三星一家公司的营业收入就占到了韩国GDP的近20%。

1975—1990年，韩国从一个人均年收入3 000美元的低收入国家发展为人均年收入达8 000美元（以1990年国际美元计算）的中高收入国家。这一成就非同一般。1975年，韩国收入水平相当于尼加拉瓜的收入水平，即处于朝鲜和纳米比亚之间的发展水平。尽管自然资源匮乏，但到1990年，韩国经济已经跻身全球中上游。其1975年的人均收入仅相当于美国的19%，到1990年则升至38%，而2008年已经超过60%。

新加坡的发展得益于来自国内外的投资。如今，新加坡已是世界上最富有的国家之一，但在1965年独立时，这个小岛仅有300万人口，实际人均收入水平处于危地马拉与牙买加之间。仅经过了7年的发展，新加坡就有四分之一外商独资或合资的制造业企业。

外商投资在新加坡的发展中扮演了重要的角色，使之走出了一条不同于德国、美国和日本依靠民族实业发展的道路。外国跨国企业凭借其专业知识和雄厚的资本，几乎在一夜之间建立起大型高效的工厂，将新加坡的生产率提升到世界先进水平。不仅如此，大型跨国企业还在新加坡建立了能够支撑投资快速增长的行业基础。新加坡国父李光耀营造了良好的营商环境，他鼓励外商投资，促进教育和基础设施的建设，使这个自然资源匮乏的小国，仅凭借地理位置优势就成为发展速度最快的经济体之一。良好的营商环境吸引国际大型企业纷至沓来，在新加坡设立运营中心。

外商投资激发了经济发展的新动能，使国内投资向深谙本土行情的产业集中，从而与国外投资互为补充。这种国内外企业的互补结合进一步推动了商业的发展，其发达的物流业吸引许多企业到此建立自己的商业驻点。

新加坡独立之后，张允中（Chang Yun Chung）在1967年创办了太平船务公司（Pacific International Lines）。该公司是当下世界上最大的航运公司之一，拥有180艘航船。另一位航运巨头林恩强（Lim Oon Kuin）从为渔民提供柴油起步，并将业务逐渐扩展到航运和物流领域。

如今，新加坡已经成为超级富豪数量最多的国家之一。和其他国家一样，新加坡的巨额财富也是随着经济发展而不断积累起来的。

中国的大型企业

中国的发展与发达国家的现代化模式类似。2014 年，全球三大上市公司均来自中国，在全球十大上市公司中有 5 家是中国企业。[①] 与其他国家一样，中国的发展也与大型企业和巨额财富的产生相生相伴。

表 4.2 展示了世界 500 强企业在不同国家的分布。1962—1993 年，日本和韩国的企业数量迅速增加，而美国和英国的企业数量有所减少。1993—2014 年，中国和俄罗斯的企业纷纷上榜，而日本和美国的企业数量则出现下滑。

表 4.2　1962 年、1993 年和 2014 年各经济体世界 500 强企业数量

经济体	1962 年	1993 年	2014 年	经济体	1962 年	1993 年	2014 年
		发达经济体				新兴经济体	
美国	298	160	128	中国	0	2	95
日本	31	135	57	印度	1	5	8
法国	27	26	31	俄罗斯	0	0	8
德国	36	32	28	巴西	0	2	7
英国	55	43	27	中国台湾	0	2	5

① 陈俐妍，《全球最大的公司：中国企业摘得前三桂冠》，福布斯，2014 年 5 月 7 日。

续表

经济体	1962 年	1993 年	2014 年	经济体	1962 年	1993 年	2014 年
韩国	0	11	17	墨西哥	1	3	3
瑞士	6	9	13	印度尼西亚	0	0	2
荷兰	5	9	12	新加坡	0	0	2
加拿大	13	7	10	土耳其	0	3	1
意大利	7	7	9	南非	2	4	0
澳大利亚	2	10	8	其他新兴经济体	0	0	9
西班牙	0	3	8	全部新兴经济体	4	21	140
瑞典	8	12	3				
爱尔兰	0	0	2				
比利时	3	4	2				
挪威	0	3	1				
芬兰	0	3	1				
奥地利	1	2	1				
其他发达经济体	0	3	2				
全部发达经济体和新兴经济体					496	500	500

注：1962 年和 1993 年的世界 500 强排名依据是销售收入，2014 年的排名依据增加了其他维度。具体可以参考 2014 年使用的“2014 年世界 500 强排名”方法解释。

资料来源：1962 年和 1993 年的数据来自钱德勒、阿马托里和引野（1997），2014 年的数据来自世界 500 强榜单。

根据表 4.2 中的数据，中国的大型企业数量在 1993—2014 年大幅增长，这与日本 1962—1993 年的情形类似。2014 年，白重恩、谢长泰和宋铮研究了为什么大型企业及其企业家能够推动中国的发展，虽然西方可能会将之等同于国家资本主义。他们的研究结论是，地方政府相互竞争，向企业抛出橄榄枝，从而提供了有效的激励。以亿万富豪刘永行的东方希望集团为例，该集团的业务范围由农业扩展到铝业的跨行业发展，与河南省三门峡市政府的支持密不可分。该市的铝土矿资源丰富，铝土矿采购权长期属于一家国有企业。但东方希望集团与政府达成了采购协议。2005 年，该集团开始生产铝及铝制品，其他民营企业也随之进入该市场。截至 2008 年，这家国企的份额已经下降到 50%。这一市场最终达到了开放、竞争的状态。

汽车行业的竞争主要在上海通用汽车和奇瑞汽车之间展开。在当地政府的支持下，奇瑞最终拿到了生产汽车的牌照，之后又获得了在全国销售汽车的许可。如今，奇瑞已成为中国最大的汽车生产商之一。2014 年，白重恩、谢长泰和宋铮指出："在培育新企业，使之对现有企业发起挑战方面，地方政府之间的竞争起到了关键性的作用，这对推动技术进步和长期发展至关重要。"

中国拥有巨大的市场，因而容易促成本土竞争，地方政府之间的竞争也涵盖其中。大多数发展中国家企业的增长需要全球市场的助推和拉动作用。开放市场能够有效地推动创新，促进资源的高效利用。日本和韩国汽车生产商之所以能够与欧洲和美国的生产企业相匹敌，凭借的就是技术创新。国外市场为企业提供了更为广阔的空间，因而能促使其快速成长。这些企业之所以能成长为大型企业，一方面是基于自身的实力，另一方面则得益于全球市场蕴藏的巨大潜力。

竞争性和非竞争性财富

大型企业和巨额财富的形成并不一定与国际化有关，如本·阿里（Ben Ali）及其在突尼斯的公司，费迪南德·马科斯（Ferdinand Marcos）及其在菲律宾的公司。这些企业的所有者也不太可能登上《福布斯》全球亿万富豪榜。美国、日本、韩国和中国的经验都表明，即使存在些许裙带关系，大型企业仍然能有效促进经济增长，推动竞争性市场的形成。而当大型企业在受保护的国内市场开展竞争时，往往会对经济产生掣肘作用。

19 世纪初的阿根廷看似一个即将经济腾飞的国家。当时其人均收入与法国接近，居于瑞典和德国之间，加之外资和劳动力的大量流入，可谓万事俱备，只欠东风。但铁路和运输业的快速发展使美国成为当时的制造业中心，而阿根廷却一直没有实现这样的跨越。其中一种解释是，阿根廷实行的替代进口的政策促使企业更专注于国内市场。这一内向型发展政策阻碍了其工业化进程：一方面，国内市场有限，使企业难以实现规模效应；另一方面，国际性竞争不足将导致企业缺乏优化资源配置的动力。因此，阿根廷的工业化发展一直没有实现，1929 年，其最大的企业仍主要分布在食品、烟草和纺织品行业，而罕见于制造业。

竞争的重要性无论怎么强调都不为过。通过对比智利和突尼斯的发展，我们不难看出，超级富豪及其企业定位、规模以及全球化水平为何那么重要。这两个国家同为人口不足 2 000 万的中等收入国家。1985 年，两国发展水平相当，人均收入为 1 000 ~

1 500 美元。而 2014 年，智利的人均收入达到 15 230 美元，是突尼斯的三倍多。[①] 当年，智利已经产生了十几位亿万富豪，而突尼斯则一个都没有。

智利第二富豪霍斯特·鲍尔曼（Horst Paulmann）所创立的桑科萨集团（Cencosud）是拉丁美洲最大的零售集团之一。1976 年，鲍尔曼创建了第一家大型超市（占地约为 465 平方米）。20 世纪 80 年代，该企业进入阿根廷市场，引领了该地区的零售国际化潮流。如今，作为拉丁美洲第四大零售连锁店，桑科萨集团在阿根廷、巴西、智利和秘鲁拥有 645 家超市，竞争对手包括沃尔玛和家乐福（Carrefour）等跨国企业以及其他拉丁美洲零售连锁企业，其在智利的连锁超市行业占据了 11% 的市场份额。[②]

突尼斯最大的零售连锁企业卡萨诺（Casino）得到了法国卡萨诺的特许经营权，其所有者马鲁安·马布鲁克（Marouane-Mabrouk）是突尼斯前总统宰因·阿比丁·本·阿里（Zine el - Abidine Ben Ali）的小女婿。[③] 第二大零售连锁企业家乐福隶属于尤利西斯贸易和工业公司（Ulysse Trading and Industrial Companies，UTIC），其所有者陶菲克·查俾（Taoufik Chaibi）的侄子是本·阿里的二女婿。这两家企业合计占据了突尼斯三分之二的市场份额，但并没有推出能够跨越国界的创新业务，其所有者

① 用以当时美元计量的人均国民总收入（GNI）计算而得。

② 《拉丁美洲最大的食品零售商》，加拿大农业及农产品，2012 年 8 月。

③ 《突尼斯的内部腐败（第三部分）：政治影响》，维基解密，2011 年 10 月 12 日。

的钱包虽然日益充盈，但并没有跻身亿万富豪之列。

突尼斯的案例说明，虽然大型企业的出现对经济增长至关重要，但企业家和市场竞争的作用同样不可或缺。只要企业能够参与全球竞争，政商关联就不一定会阻碍经济增长。2014 年，鲍勃·瑞克斯、卡罗琳·弗罗因德和安东尼奥·努西弗拉指出，突尼斯前总统本·阿里及其家族控制了突尼斯的大部分民营企业，并吞食了高达 21% 的利润。[①] 该家族在电信、交通、零售和酒店等非贸易领域的支配力量尤其突出，凭借其垄断地位和管制性营商环境攫取了高额利润。他们将这种投资规则当作快速致富的工具，用于保障其家族利益，而非为突尼斯营造一个友好的营商环境。本·阿里签署了一项法令，以限制国内外企业进入其家族主导的行业。据报道，麦当劳拒绝向本·阿里家族成员授予许可经营权，并提出公开竞标的要求，因而被拦截在突尼斯市场之外。这种类型的政商关系使突尼斯国内的大型企业鲜于面对来自外商的竞争，市场竞争强度的不足导致企业缺乏参与全球竞争所必需的动力和创新能力。这些企业虽然在国内市场上成长为大型企业，却不具备全球竞争力。

20 世纪 90 年代末，一些东南亚国家也出现了类似的问题。财富向几大家族集聚，裙带资本主义盛行，导致企业缺乏竞争力，经济发展受阻。在印度尼西亚和菲律宾，仅一个家族的财富

---

① 艾萨克·迪万、菲利浦·基弗和马克·史弗鲍尔在其 2014 年的研究中发现，埃及在 2011 年之前，也曾出现过类似的与穆巴拉克紧密联系的裙带关系。

就相当于整个国家上市公司总市值的17%，例如印度尼西亚的苏哈托家族（Suharto family）和菲律宾的马科斯家族（Marcos family），排名前十位的家族合计控制了一国上市公司总资产的一半。苏哈托家族通过其后代、亲戚和商业伙伴的商业集团控制了417家上市和非上市公司，其中很多人都在或曾经在政府任职。菲律宾前总统费迪南德·马科斯的遗孀伊梅尔达·马科斯（Imelda Marcos）就其家族的经济实力坦言道："我们实际上拥有菲律宾的一切，从电力、电信、航空、银行、啤酒、烟草、报纸发行、电视台、航运、石油、采矿、酒店和海滨度假村，到椰子加工、小农场、房地产和保险业。"① 就像本·阿里家族一样，马科斯家族专注于国内消费领域，这显然说明其财富并不是在竞争性市场中创造的。

没有创造巨额财富的大型企业

阿根廷、突尼斯、菲律宾和印度尼西亚不乏巨额财富，但却没有诞生具有全球竞争力的企业。苏联则与此形成了鲜明的对照，虽然不乏大型企业，但并没有创造出巨额的财富。

从短期来看，把最好的企业国有化是切实可行的。20世纪20年代初，国有化企业取得了巨大的成功，国家信托也得以建立。起初，这些企业的表现都比较好，至少高效率的生产线得到

① 托尼·塔塞尔，《马科斯夫人通过诉讼获得130亿美元财富》，福布斯，1998年12月8日。

了保护。但问题在于，每个信托只能留存20%的利润作为储备资本，其余80%都要上交给国家，这使那些业绩最佳的企业难以获得长足的发展。从20世纪20年代到70年代，集中化的投资在总投资中的占比从45%增长到71%。最好的企业丧失了发展和成长的机会，因为它们既没有动力，也没有能力扩大生产。而最差的企业不仅没有被淘汰掉，还占用了优质的资源。

这种国有大型企业没有经历如新兴市场企业巨头一样的发展历程。由于资本和劳动力被直接分配给了特定的企业，没有流向效率最高的企业，所以无法起到创造财富或促进经济增长的作用。

巨额财富对经济的影响

本书旨在说明，经济发展依赖于大型企业和良好的竞争环境，其结果之一就是造就了大量的个人财富。而由此产生的问题是，随着巨额财富的积累，权力往往会进一步集聚，从而使竞争受控，发展受阻。财富新贵阶层一旦形成，就会设法保护自己的利益。如果他们为此而设置进入壁垒或寻求补贴，那么消费者的利益必将受损；而如果他们着力于保护产权或促进民主，则会使广大公民受益。

限制竞争

大型企业和巨额财富一旦产生，企业创始人就可能会寻求政府干预来维持或扩大自身的市场份额。如果一个国家的冠军企业以大型出口商为主，那么这种可能性会大大降低，因为全球竞争自然会抑制这种恶劣的竞争手段，使本国政府的倾斜政策黯然失效。例如，限制贸易或设置壁垒的代价高昂，因为这会限制竞争，进而抬高消费者的购买价格，而当大型出口商在全球市场与国外企业开展竞争时，这种政策便无法再起作用了。如果一国最大的企业以本国作为主要市场，而又积极寻求政策庇护，那么其造成的福利损失是最为严重的。对于金砖国家这样的大型经济体而言，这个问题尤其堪忧，因为这些国家中有大量企业主要服务于本地消费者，故而很有可能从更高的准入门槛中获利。

在美国，“强盗贵族”也曾试图维持其垄断力量，但政府最终介入了监管。中国政府也有类似举措。鉴于市场环境的需求、加入世贸组织的契机和国内的改革部署，中国酝酿已久的《反垄断法》终于在 2007 年获得通过。外部观察员指出，新生效的法律与西方法律相兼容，并已正式施行（马里尼罗，2013）。与此同时，相关利益方希望该法能够对本土企业以及在华外资企业实现同等、有效的约束，从而确保开放、竞争的营商环境。

与美国 19 世纪末的情形相似，中国民营企业也经历了发展壮大、行为失当，最终受到监管的过程。为了控制市场，铁路和石油等行业的大企业在价格或产量上仍占据垄断地位。解决这一问题的方法是让同行业的龙头企业出资建立信托基金，形成企业集团，从而有效控制市场，阻碍无关企业进入市场和垄断价格。

对于媒体报道的商品价格上涨现象，美国消费者十分愤怒。1890 年，美国国会通过了《谢尔曼反托拉斯法案》。这一法案在多年后才被正式实施，但至今仍然有效，且有效地遏制了反竞争行为。对于大国的自然垄断行业而言，竞争法案的起草和实施将随着国家的发展而变得愈发重要。

产权保护

企业试图维护自身利益的本性并不一定会阻碍经济的发展，反而有助于产权保障和相关政策体系的完善。毕竟，在一个强权国家，企业财产总是存在被没收的可能。

中世纪，新兴实业家阶层对财产权利和法律保障的诉求，促进了体制的改革。2005 年，达龙·阿西莫格鲁、西蒙·约翰逊和詹姆斯·罗宾逊指出，1500—1800 年，与新世界往来贸易最多的欧洲国家发展得最快，而且如果制度能够快速适应发展趋势的话，那么相关国家的制度变迁和发展就最为显著。研究认为，大西洋贸易造就了一个强大的商业阶层，为了保护自身利益，它们迫切要求产权得到保障。比较研究发现，英国和荷兰的商业利益集团大多发迹于海外，寻求法律保障的意识极强，葡萄牙和西班牙则没有出现这种情况。

萨米特拉·杰哈的研究支持了上述观点。通过对 1628 年和 1640—1960 年英国国会议员资产数据的详细分析发现，在国外大型企业拥有股份的议员更倾向于支持改革。杰哈认为，国会议员之所以能够就改革议题达成共识，其中的关键就在于海外投资所带来的经济发展机会。在制度建设过程中，商业利益、贸易开放和投资都扮演了非常重要的角色。

对政治制度的影响

新兴经济体的富裕阶层是如何对政治产生影响的，我们还不甚清楚。如果他们的政治诉求和广大民众不同而又成功地施加了影响，那么这对大多数人来说无疑是个灾难。然而，他们也有可能代表了广大民众的利益。比如，在一个专制国家，财富新贵阶层的偏好往往与大众而非领导阶层的利益诉求更为接近。

商人对政治的过度影响超出了本书的讨论范畴，相关文献对此问题的普遍结论是，富裕阶层常常凭借其财富和影响力，以牺牲广大民众的利益为代价，从政府手中谋取私利。[①] 针对美国的大量研究表明，在竞选期间，富人的度假别墅成了政客们的娱乐场所。财富在政府中的作用似乎愈发举足轻重。

相形之下，新兴市场国家的民主制度尚不完善，精英阶层更可能会对强权阶层起到牵制作用。超级富豪有时会冒着极大的风险来促进民主进程。在那些产生了大量超级富豪的国家和地区，富裕阶层与权力的互动将如何展开，还有待进一步观察。

在美国历史上，许多富豪都对推动社会变革做出了突出的贡献，如乔治·华盛顿、托马斯·杰斐逊、詹姆斯·麦迪逊以及詹姆斯·门罗。他们在发起革命之前都属于奴隶主阶层，其中詹姆斯·麦迪逊是美国宪法的起草者。

大量研究表明，精英阶层更倾向于推动政治改革，就此而言，与政府官员建立关系是有必要的。然而，正是因为担心别人

① 2014 年，达雷尔·韦斯特发现 13 个国家的亿万富豪在寻求政府职务，其中 7 个国家为新兴市场国家（印度、格鲁吉亚、黎巴嫩、菲律宾、俄罗斯、泰国和乌克兰）。一旦成功获取政府职位，他们会极力寻求有利于他们利益的相关政策。

也可能借此关系谋取私利（而对竞争者产生不利影响），富裕阶层往往更加强调规则和责任。亚历山大·利兹瑞和尼古拉·珀西科认为，英国的精英阶层之所以倡导民主（更广的授权），是因为这能对政治家起到更好的激励作用，减少政治分肥现象。

另外，大量研究证明了经济发展与民主之间的密切联系。大型民营企业对经济发展的推动作用已毋庸置疑，韩国的经验表明，财团的发展早于国家的民主化进程。卡洛斯·斯利姆（Carlos Slim）从政府手中购买墨西哥电信企业同样发生在墨西哥民主化之前。东欧大型企业的发展与民主化进程基本上是同步的。一些研究者通过对比发达国家和拉丁美洲的民主化进程发现，经济发展对民主化具有促进作用，而这主要得益于资本家阶层的不断壮大。资本主义转型十分重要，因为这将壮大工薪阶层和中产阶级，并促进工会的形成。从农业社会上层阶级向工业社会上层阶级的转变以及中产阶级的发展和城镇化，共同促进了民主化的进程。一些研究者通过分析相关数据得出了以下结论：总体而言，农业社会的上层阶级无助于推动民主化进程，但工业社会的大型企业主却对此具有积极的影响。从这个角度来看，中东和北非地区的民主化进程最慢、全球化程度最低、大型企业最少，也就不足为奇了。

新兴市场富裕阶层的崛起所带来的政治影响值得我们特别关注，这种影响并不总是消极的。企业创始人更多地投身全球竞争是一种积极的信号，与凭借垄断资源或继承财富而成为亿万富豪的人相比，他们可以借此更多地接触广大民众，更加深入地洞悉全球价值观，而不局限于和特定的政府官员打交道。

本章小结

世界各国都希望能够实现持续、高速的国民经济增长，但现实中极少国家能够夙愿得偿。在过去的两个世纪，少数实现了这一转变的国家无一不依赖于私有制、巨型企业和市场竞争。只有在巨型企业参与全球竞争的前提下，原本固化的商业体系才可能对大型企业和巨额财富的产生及发展产生积极的作用。

巨额财富、巨型企业、市场竞争和经济发展是相互依存的。如果巨型企业（像突尼斯的企业）不具备全球竞争力，即使财富高度集中也不会推动经济的增长。如果巨型企业（像苏联的企业）不能创造巨额财富，也不会促进经济的发展。

第五章
大型企业、结构性转型与经济发展

在新兴经济体中，大型企业每年都在雇用越来越多的劳动力。墨西哥最大的民营企业沃玛（零售商）拥有近 250 000 名员工。该企业原为赫罗尼莫·阿朗戈（Jerónimo Arangc）于 1952 年创建的香绯（Cifra），后于 20 世纪 90 年代被沃尔玛收购。阿朗戈现在的身价为 46 亿美元。墨西哥第二大民营企业芬莎公司（Femsa）是拉丁美洲最大的饮料生产商，拥有超过 200 000 名员工，由亿万富豪伊娃·贡达·里维拉（Eva Gonda Rivera）、何塞和弗朗西斯科·何塞·卡尔德隆·罗哈斯兄弟（José and Francisco Calderón Rojas）共同所有。其他由富豪所创立的企业包括巴西的 BRF（食品加工）、智利的桑科萨（零售）和中国的美的（家电），这些企业的员工数量都超过 100 000 名。

《金融时报》发布的新兴市场 500 强榜单也反映了这一趋

势。在2011年榜单首次发布时，有1 600万人在新兴市场500强企业中工作。到2014年，这个数字上升到了1 900万。在《金融时报》全球500强榜单中，巴西、俄罗斯、印度和中国等金砖国家的企业平均员工数也在不断上升（见图5.1）。

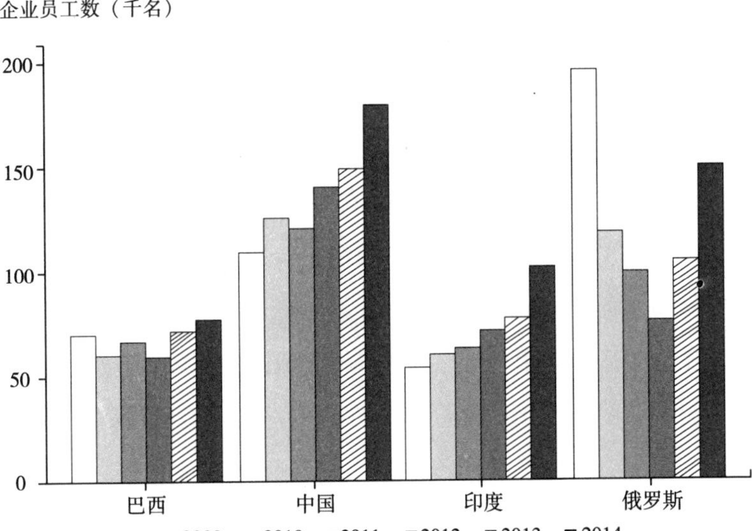

图5.1 2009—2014年，“金砖四国”《金融时报》全球500强企业的平均员工数

资料来源：《金融时报》全球500强的数据。

本章将探讨这些超级企业家及其大型企业是如何助力本国经济结构性转型的。这些大型企业促使劳动力从农业转向生产力更高的制造业和零售行业，使其获得了更高的薪水和不同的生活方式。这一趋势是新兴市场的特有现象，因为这些国家的工业化尚未完成。相形之下，发达国家则处于结构性转型的后半段，劳动力正在从制造业转向服务业。

新兴市场中大型企业对就业的积极影响与常遭媒体诟病的恶劣工作环境形成了鲜明的对比。例如，中国的富士康发生了多起自杀事件，孟加拉国的塔兹雷恩制衣厂（Tazreen Fashion）的火灾造成100多人死亡，这些报道无不骇人听闻。但毋庸置疑的是，大型企业让千百万农民离开了条件更为艰苦的农村，在工厂获得到了更高的收入，从而走出了脱贫的第一步。

《华尔街日报》记者张彤禾（Leslie Chang）在中国居住了10年，她撰写的《打工女孩：从农村到城市的变动中国》一书描述了普通工人对于就业机会的看法。经过3年时间追踪在中国南方城市东莞打工的两名女工后，她发现，尽管工作艰辛，但这些女工积极乐观。因为工厂促进了社会流动，所以她们获得了比在农村更多的选择，也更有可能获得更好的生活。她陪同一位女工返回家乡，目睹了是怎样的穷困迫使她们背井离乡。

在新兴经济体中，大型企业虽然存在一些弊端，但总体上促进了人们生活水平的提高以及经济的发展。在工厂工作毕竟强于在农村勉强维持生存，这也为那些通过培训而能胜任这些工作的人们带来了迁移到更发达地区的可能。大型企业及其背后的创新型企业家是经济现代化的重要组成部分，他们提供了大量而直接的就业机会。具有全球竞争力的企业，及其推动劳动力从农业转向制造业的程度，在一国经济发展的初期尤为重要。

新兴市场巨额财富的增长预期

新兴市场财富新贵的数量在迅速上升。预计到 2023 年，新兴市场亿万富豪的比例将达到或超过发达国家的比例，身价达 1 亿美元以上的富豪中，新兴市场将占三分之一（见表 5.1）。

表 5.1　2003 年、2013 年和 2023 年新兴市场世界级富豪的比例（%）

财富水平	2003	2013	2023	
			《莱坊财富报告》的预估	作者基于新兴市场近年来的增长率计算的比例
超高净值人群（身价超过 3 000 万美元）	13	22	26	27
亿元富豪（身价超过 1 亿美元）	14	25	31	33
亿元富豪（身价超过 10 亿美元）	26	43	50	52

资料来源：作者基于《莱坊财富报告》数据进行的预估。

巨额财富与结构性转型

在一些发达国家，中产阶级的收入增长处于停滞状态，就业率也有所下降。和这些发达国家不同，中国制造业的就业和薪酬增长都很迅速。根据美国劳工统计局的评估，2002—2009 年，中国有 1 300 万人进入制造业（接近美国制造业的劳动力总规模）。这期间，制造业的平均工资几乎翻了 3 倍。

从农业向制造业的快速结构性转型是经济发展的典型特征。

2014 年，玛格丽特·麦克米兰、丹尼·罗德里克和伊尼戈·威尔杜斯科·加洛的研究发现，亚洲近些年的经济增长比拉丁美洲和非洲更为强劲，主要是因为亚洲的结构性转型使劳动力转向了生产率更高的制造业，而这在其他地区并未实现。图 5.2 记录了人均 GDP 和每 1 亿人中的亿万富豪数量与产业构成之间的关系。随着国家的发展，亿万富豪的数量不断增加（纵坐标），产业结构也在发生变化，更多的劳动力从农业流向制造业和服务业（横坐标）。在发展的后期，农业劳动力占比下降而服务业劳动力占比上升的趋势将更加明显。制造业劳动力占比在人均收入达到 25 000 美元（以 2011 年国际美元计算）时达到峰值，而后则开始下降。

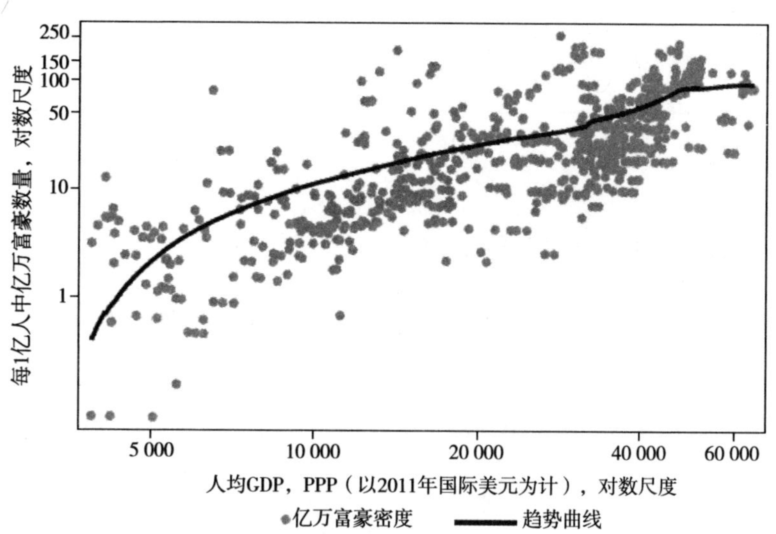

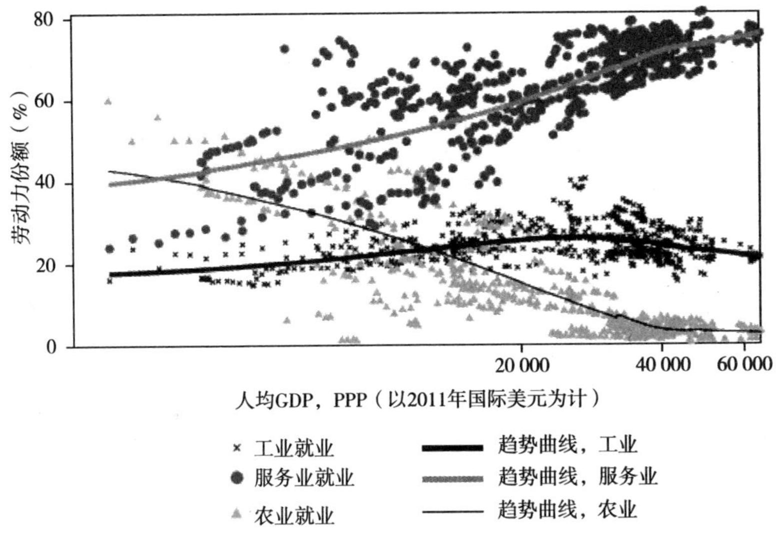

图 5.2　1996—2014 年，巨额财富与结构性转型之间的关系

PPP = 购买力平价

资料来源：世界银行《世界发展指数》和《福布斯》世界亿万富豪榜。

由此产生的一个重要问题是，大型企业及其创造的巨额财富是结构性转型的推动因素，还是只是结构性转型和经济发展的结果？换句话说，在发展阶段一定的条件下，更高的富豪密度是否与更快的结构性转型相关性较强呢？

为了回答这个问题，我们可以将国家特征和发展阶段作为控制变量，计算财富与结构性转型之间的相关性。结果显示，在控制了人均收入以及地理位置和相对规模等国家既定特征的情况下，那些拥有更多亿万富豪的国家将以更快的速度步入下一个经济发展阶段。换言之，发展中国家将更快实现从农业国向制造业大国的转变，发达国家将从制造业大国向服务业大国迈进（见

图 5.3）。①

在国家特征和收入增长不变的情况下，如果一个新兴经济体的亿万富豪数量由 2 人增加到 4 人，那么其农业就业人数将会下降近两个百分点。图 5.3 也表明，在发展初期，亿万富豪及其大型企业加快了结构性转型的步伐。

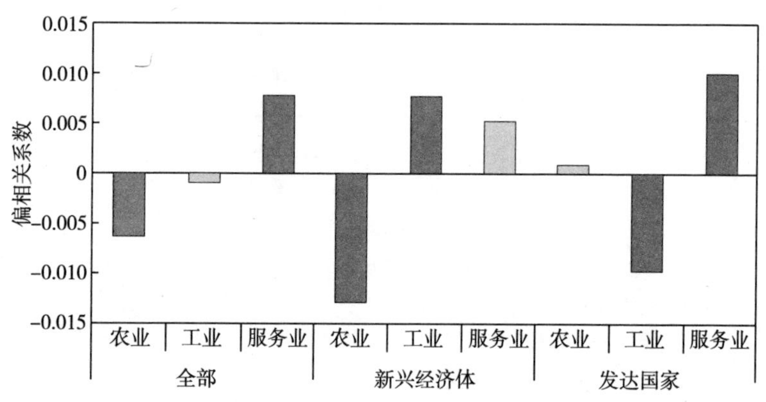

图 5.3　1996—2014 年，发达国家和新兴经济体中巨额财富和各产业就业之间的关系

注：在控制国家和人均 GDP 为常量时，通过回归得出亿万富豪数量与各产业就业人口数的相关系数。深灰色表示显著性水平为 1% ~5%。

白手起家的企业家创造了最多的就业机会

有钱人雇用了多少劳动力？2014 年，《金融时报》发布的新兴市场 500 强企业中，每位亿万富豪平均雇用了 109 位员工。表

---

① 即使从 1990 年开始，随着节省劳动力的技术和全球化的发展，工业化过程变得更加困难，但这些结果还是非常显著的。

5.2 展示了不同类型亿万富豪的企业平均雇用的员工数。其中，企业创始人雇用的人数最多，平均有 80 000 名员工。由于他们的企业属于新创企业，所以所有的工作岗位自然也属于新创就业机会。

与小型企业（见表 5.2，第 4 栏）相比，亿万富豪的企业在创造就业方面表现良好。但这些企业直接雇用的人数并不算多，新兴市场近 700 位亿万富豪共雇用约 4 400 万人，仅占新兴市场 40 亿适龄人口的约 1%。但考虑到大型企业并非旨在雇用一个国家所有的劳动力，而是要加快释放农业的劳动力，因此这一比例还是比较高的。比如，中国有大约 3.2 亿农民，如果每位亿万富豪雇用 63 000 人（表 5.2 中数据的平均值），那么在 2002—2014 年，中国 151 位新晋亿万富豪就可吸收约 1 000 万劳动力，占农村人口总数的 3%。与美国相比，这一数字是非常高的。根据美国劳工局的估计，有 1 300 万人口在 2002—2009 年间流向了制造业。

表 5.2　2014 年新兴市场中亿万富豪提供的就业机会

亿万富豪类型	亿万富豪数量	新兴市场亿万富豪的份额（%）	平均员工数	若雇用相同数量员工，需创立的 50 人规模企业数
企业高管	16	11.8	47 387	948
非金融领域企业创始人	42	30.9	79 291	1 586
私有化和资源类相关	22	16.2	75 725	1 515
金融领域白手起家者	17	12.5	56 435	1 128
继承财富	39	28.7	57 511	1 150
全部	136	100.0	62 752	1 255

注：基于《金融时报》新兴市场 500 强企业相关的富豪数据，该榜单不包括以色列和中国香港。小型企业是指员工人数不足 50 人的企业。

资料来源：《金融时报》公布的新兴市场 500 强企业和《福布斯》全球亿万富豪榜。

这种简单的计算方法可能低估了大型企业对结构性转型的重要作用。

第一，本书以亿万富豪为关注重点，是因为其企业易于识别，并可对其进行长期的跨国研究。但研究的最终目的在于揭示一国所培育的大型企业的营商环境和商人类型（出身和行业）。事实上，不仅是亿万富豪，许多大型企业家同样在推动经济的结构性转型。截面数据显示，亿万富豪和十亿万富豪数量之间的相关性非常高（0.95），这说明超级富豪的影响会扩展到更广泛的群体，创造更多的就业机会。

第二，对工作岗位的直接估算低估了每个企业的价值，因为这种方法忽略了上下游产业的溢出效应。例如，制药企业需要购买化学品和机械设备用以生产产品，并通过物流和零售渠道进行销售。这种计算方法忽略了收入的影响，即员工会将收入用于购买消费品。

第三，除主要财富来源外，超级富豪通过其他渠道所获得的收入未被纳入计算。例如，中国互联网公司百度在 2014 年雇用了 46 000 名员工，其创始人李彦宏还拥有其他 51 家公司的股权，而这些公司共雇用了 33 000 名员工。

新兴市场的企业正在逐步取代发达国家的企业

新兴市场中的企业成长迅速，正在向《福布斯》全球 2000 强企业榜单前列的发达国家企业发起挑战。2009 年以前，全球最大的 10 家企业均来自发达国家。而 2010 年，中国工商银行成为第一个跻身此列的新兴市场国家企业。2014 年，中国的银行抢占了该榜单的前三席，而中国的第四大银行也取得了榜单第十的位置。

图 5.4 展示了 2006—2014 年间，各领域发达国家和新兴市场国家的大型企业数量的变化。大多数制造业企业位于右下象限，在发达国家企业逐步退出的同时，新兴市场国家中的企业正在不断进入。例如银行业，2006—2014 年，来自新兴市场国家的 61 家企业首次上榜，同时有 77 家发达国家的企业从中退出。

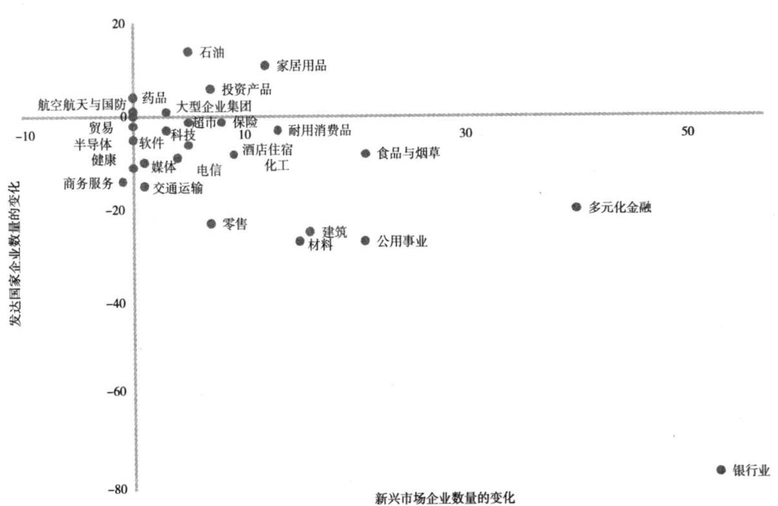

图 5.4　2006—2014 年，不同领域新兴市场国家的大型企业正在取代发达国家的大型企业

资料来源：2006 年和 2014 年《福布斯》全球 2000 强企业数据。

在其他领域，发达国家和新兴市场国家均呈增长之势，发展相对均衡。这些行业（右上象限）包括家居用品、石油和投资产品。这些行业在全球的蓬勃发展主要受新兴市场需求的拉动。随着全球消费者数量的增加及其收入水平的提高，消费市场对家居用品的需求也在增长。结构性转型所需的基础设施投资也会带动各国对资本和石油的需求上涨。

新兴市场见证了原材料生产商的崛起，如江西铜业集团（中国）和马格尼托哥尔斯克钢铁公司（俄罗斯），都可谓结构性转型的产物。随着新兴市场国家在全球经济中扮演着更加重要的角色，其对工业建设所需的煤和钢铁等原材料也有着更加强劲的需求。

商学院教授、投资者和咨询公司都在密切关注新兴市场中的大型企业。他们的研究表明，这些大型企业取得了非凡的增长，但值得忧虑的是，这些企业可能会抢走发达国家企业的客户。典型的相关出版物有：《新兴市场规则：全球新巨头的发展战略》（*Emerging Markets Rule*：*Growth Strategies of the New Global Giants*），《世界是新的——新兴市场崛起与争锋的世纪》（*The Emerging Markets Century*：*How a New Breed of World-Class Companies Is Overtaking the World*）和《新兴市场跨国公司的崛起》（*The Rise of the Emerging-Market Multinational*）。

发达国家的恐惧源于产品市场和投资领域的新型竞争。2008年，印度塔塔汽车公司（Tata Motors）以23亿美元收购了捷豹路虎，略低于福特1990年单独收购捷豹的价格。比收购本身更令人惊讶的是，塔塔在收购后的公司重组方面比福特更为成功。短短几年之间，公司的销售额增长了3倍，员工增加了9 000

名，并计划进一步扩大招聘规模。

2004 年，巴西安贝夫啤酒集团（Ambev）通过与比利时的因特布鲁集团（Interbrew）合并而进入欧洲市场。重组后的英博公司（Inbev）最初由欧洲人出任最高领导，但不到一年后，巴西人卡洛斯·布里托（Carlos Brito）接管了这一职务。比利时经济部长哀叹这家公司“过去完全是比利时企业，后来变成比利时-巴西企业，现在则是巴西-比利时企业了”。[①] 布里托以成本控制而著称（高级管理层的奢华生活和员工免费喝啤酒的待遇因此而终止）。2008 年，该公司与美国啤酒公司安海斯-布希合并。在美国啤酒市场停滞不前的情况下，他设法使百威英博（Anheuser-Busch Inbev）的股价上涨了一倍多。

新兴市场国家的企业收购发达国家跨国企业的现象已日益普遍。沙特基础工业公司（Saudi Basic Industries Corporation）收购了 GE 塑料制品公司。俄罗斯谢韦尔钢铁公司（Severstal）收购了美国鲁日钢铁公司（Rouge Steel）和意大利鲁奇尼公司（Lucchini）。根据联合国贸易和发展会议的统计，2000—2014 年，新兴市场国家的外商直接投资（FDI）增长了近 6 倍，是发达国家的 2 倍左右，占对外直接投资总额的 20%（见图 5.5）。

巨额财富是经济发展的必要条件吗？

企业家和大型企业是工业化的源泉，因此，巨额财富也应被

---

① 蒂姆·鲍勃，《啤酒酿造的巴西方案》，英国广播公司，2008 年 7 月 14 日。

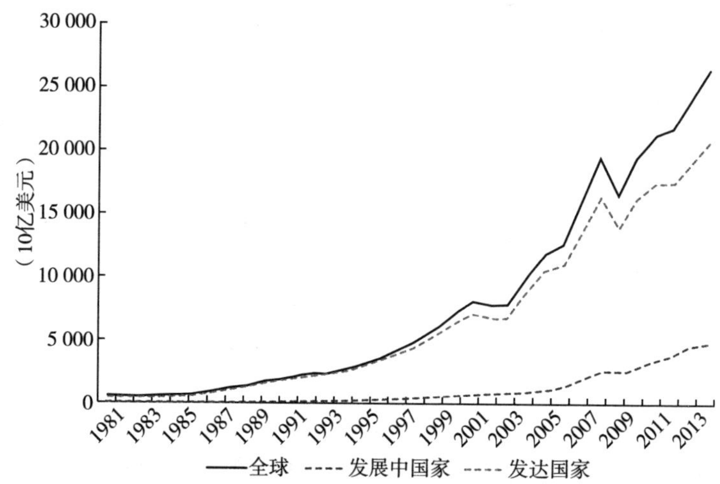

图 5.5　1981—2013 年，发展中国家和发达国家对外直接投资存量

资料来源：联合国贸易和发展会议数据库，国外直接投资的流量和存量，http：//unctadstat. unctad. org/wds/ReportFolders/reportfolders. aspx。

视为经济发展的组成部分，特别是在工业化的前期，即国家实现中等收入之前。但巨额财富是经济发展的必要条件吗？是否存在大型高效的企业被成功创建而无个人从中获得巨额回报（这似乎是不公平的）的可能呢？

国家经济发展而无巨额财富积累的例子是十分罕见的。在不同的国家，经济发展阶段和巨额财富都是高度相关的（参考第四章）。

图 5.6 显示了人均 GDP 与超高净值人口密度（以购买力平价计算）的关系。因为许多小国少有亿万富豪，所以选取超高净值人口（身价 3 000 万美元以上）的数据可以涵盖更多的国家。距离拟合线较远的高收入国家（国家富有而亿万富豪罕见）

是一些石油资源丰富的海湾国家。尽管这些国家十分富裕，但它们未能在除石油之外的其他领域实现工业化，相关新创企业的发展迟缓，与世界其他国家的联系甚少。其中，大多数亿万富豪是王室成员，未被计入当前数据。该地区绝大多数超级富豪都来自拥有石油资源的家族，缺乏推动产品和流程创新的创业者和高管。

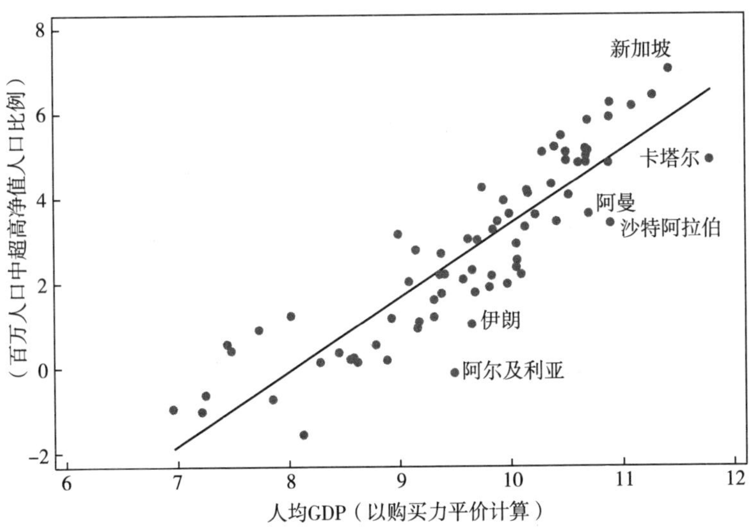

图 5.6　2013 年，超高净值人口密度与发展阶段的相关性

资料来源：《莱坊财富报告》（2014）。

而新加坡与这些石油大国形成了鲜明的对比。得益于近年来实行的贸易和投资开放政策，新加坡已从一个穷国发展为当今人均产生百万富豪最多的国家。虽然其全国人口只有 500 万，却拥有 16 个亿万富豪，其中大多数都是白手起家致富的，很多人是创新型企业的所有者。

本章小结

随着初创企业向大型企业不断迈进，以及财富的不断增长，生产要素也逐渐从农业流向工业生产。这些大型企业创造了更好的就业和发展机会。而发达国家的情况有所不同，由于其资源已然集中在制造业和服务业，所以巨额财富积累的作用更多地体现在劳动力从制造业向服务业的流动上。

第六章
全球化与巨额财富

印度尼西亚的吴笙福（Martua Sitorus）通过创办农业综合企业创造了大量财富。他创立的丰益国际（Wilmar International）是世界上最大的棕榈油生产商，目前在全球15个国家拥有45家制造工厂和90 000余名员工，公司80%的收入来自东南亚以外的国家。巴西的尔刚·乔·达席尔瓦靠机械制造发家致富，在1961年创办了目前拉丁美洲最大的电机生产商WEG集团。WEG在全球拥有超过27 000名员工，每年生产1 150万台电机，一半收入来自巴西以外的市场。全球市场对于中国的何享健同样重要，他的财富源于家电制造商美的集团，来自出口的收入同样占到了总收入的二分之一。

本章将论证的是，对外贸易推动了新兴市场企业规模的快速扩张，并使其所有者变得日益富有。通过考察大型企业对国际市场的依赖程度与其所有者财富之间的关系，以及一个国家的巨额财富与外部市场之间的关系，我们发现，企业的海外收入占比越大，其所有者越富有，国家贸易开放程度越高，该国的亿万富豪就越多。本章还将讨论国外市场、进口和全球供应链对新兴市场创造巨额财富的重要性。随着关税等贸易成本的下降和技术的进步，企业更容易实现全球生产，并为全球客户提供服务。庞大的市场前景和全球供应链的效率利得，为许多新兴市场的大型跨国企业描绘了一张美好的发展蓝图。

巨额财富和商业奇才

理论上，当不同国家通过对外贸易实现经济一体化时，各国的商品价格会趋同，进而影响工资和资本回报率。例如，如果美国和中国的T恤衫价格在两国进行贸易时一样，那么服装厂工人的工资也应该趋同。一般来说，如果在生产中大量使用非技术劳动力（如轻工业）的商品，并以相对较低的价格进口，那么对非技术劳动力的需求就会下降，从而使其工资面临下行压力。这被称为“斯托尔泼—萨缪尔森效应”（Stolper-Samuelson effect，以发现它的经济学家的名字命名）。[①] 贸易经济学家对此进行了大量的实证检验，但研究发现，贸易在加剧发达国家收入不平等方面最多起到了支持作用，技术变革才是更为重要的决定因素。

① 斯托尔泼—萨缪尔森效应是指：某一商品相对价格的上升，将导致该商品密集使用的生产要素的实际价格或报酬提高。

与贸易不同，技术进步直接取代了非技术劳动力，因为常规劳动更容易被机械化，从而减少对这类工人的需求（如电梯操作员或电话总机接线员）。

斯托尔泼—萨缪尔森效应是贸易和薪酬领域研究的基石，但它并未对巨额财富做出预测。而工人在层次上的差异以及屈指可数的商业奇才，揭示了全球化与巨额收入和财富之间的联系。2012 年的研究表明，商业奇才的资本使用效率极高，也因此获得了高额的回报。科技进一步放大了人才差异的重要作用，最好的生产商显然可以服务于更多的消费者。例如，大型开放式课程（MOOC）的兴起为所有学生提供了向某个领域最受尊敬的教授学习的机会。但有人担心，这可能会导致对非顶尖大学教师的需求下降。全球化扩大了可贸易商品的潜在消费者，从而提高了对人才的回报。新技术使 MOOC 得以实现，而贸易开放意味着 MOOC 将吸引全世界的学生和教授，而不再局限于某一个国家。科技和全球化相辅相成，为为数不多的商业奇才带来了更高的收入。在有关特定类型工人工资的诸多模型中，商业奇才对技术工人的相对工资差异具有很强的解释力，而贸易的影响是微不足道的。

全球化在财富创造过程中的作用

迪利普·桑哈维凭借从父亲那里借来的 10 000 卢比（约 1 000美元）创办了太阳制药公司。他专注于开发治疗慢性病的药物，主要是因为印度在这一市场几乎没有企业涉足，尤其是缺乏治疗精神疾病的药品。其他医药企业则主要提供治疗急性病的药物。另外，开发慢性病药意味着有更加广泛且相对稳定的需求。

太阳制药第一款产品（锂，用于治疗躁狂抑郁性精神病）的销售始于1987年，1989年开始出口，但20世纪90年代的总体发展则非常有限。问题就在于，仅靠出口并不能使其有效进入更具赢利潜力的市场，尤其是美国，其药品价格较高，安全和卫生条例也更严格。1997年，桑哈维收购了总部位于底特律的Caraco制药公司，该公司具备美国食品药品监督管理局的药物生产许可，但因没有新药获得批准而陷入困境。此项收购使太阳制药得以将药物技术转让给Caraco，并从此在美国市场立足。该收购也打破了人们的惯常思维，像美国这样的发达国家通常会向位于印度的子公司出口技术，以降低生产成本。而桑哈维的策略正好相反，他将印度的技术出口到美国，并在当地进行生产，使产品更易符合美国烦琐的法规要求，并获得了丰厚的利润。此后，太阳制药完成了11项类似的交易，其中在美国有6项，在以色列和匈牙利各有1项。① 现在，太阳制药将目光投向了更加复杂的仿制药物市场，这说明该公司正在通过创新对现有药物进行改进（如改进药物的传送机制）。这将有助于该公司从原研药和其他仿制药市场中夺取份额，扩大其国际触角。

2014年，太阳制药公司75%的收入来自国际市场。桑哈维

---

① 《太阳制药迪利普·桑哈维正在创造商业奇迹》，福布斯（印度），2014年10月17日。

的财富也随着其公司的全球扩张而大幅增长（见图6.1）。如今，该公司已成为印度最大的制药公司，拥有16 000名员工。2014年，该公司市值达到270亿美元，桑哈维（身价128亿美元）也成为印度第二富豪。

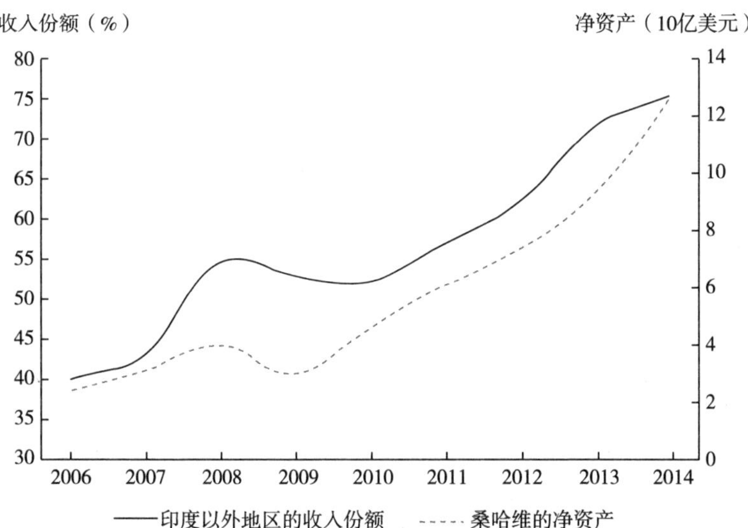

图6.1 2006—2014年，太阳制药的国际收入份额和其创始人的财富

资料来源：《福布斯》全球亿万富豪榜数据；2006—2014年按市场区域划分的太阳制药的收入，《彭博商业周刊》（2014年10月23日）。

路易斯·马特是一名从事进口业务的智利土木工程师。1918年，他创办了一家纸业公司，后于1920年与德国的艾宾浩斯（Ebbinghaus）公司合并成为CMPC（纸业）公司。随着公司的不断发展，1942年，CMPC几乎完全占领了智利的印刷纸和包装纸市场。20世纪70年代，在萨尔多瓦·阿联德（Salvador Allende）推行社会主义政权的背景下，该公司是唯一一家摆脱政府控制的纸业公司，使反对党的报纸得以保留下来。[①] 20 世纪 90 年代，该公司进入阿根廷、秘鲁和乌拉圭市场；10 年后，又扩展到墨西哥、巴西、厄瓜多尔和哥伦比亚市场。这段时期，无论是原料生产还是再造林技术，CMPC 的技术研发都处在前沿水平，并将 70% 的利润用于再投资。该公司的海外收入占比不断攀升，从 2008 年的不足一半上升到 70% 以上。公司所有者埃利奥多罗·马特（Eliodoro Matte）及其家族持有公司 55% 的股份，其财富变化与公司的出口增长趋势相一致（见图 6.2）。

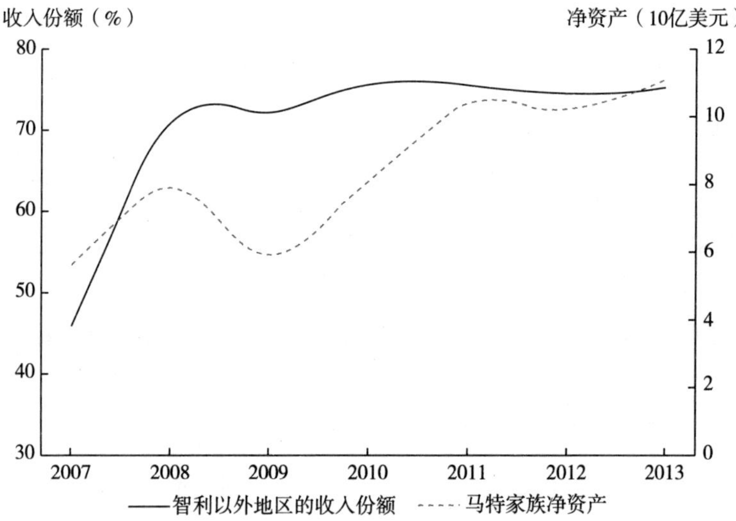

图 6.2　2007—2013 年，CMPC 的国际收入份额和创始人及其家族的财富

资料来源：《福布斯》全球亿万富豪榜数据；2006—2013 年按市场区域划分的 CMPC 的收入，《彭博商业周刊》（2014 年 10 月 23 日）。

① 全球企业数据库，《CMPC 公司历史》，www.fundinguniverse.com/companyhistories/empresas-cmpc-s-a-history/。

全球化生产如今已成为现实。安东尼奥·路易兹·塞亚布拉在巴西建立的创新型美妆企业 Natura Cosmeticos（第三章中讨论过），凭借其有关环境的可持续发展商业计划，被冠以“公益企业”的美誉，并从 2010 年开始将生产扩张到阿根廷、哥伦比亚和墨西哥。2010—2013 年，该企业的出口收入占比翻了一番，海外营业收入占比达 19%，在 170 万名销售顾问（类似雅芳的销售顾问）中有 40 万名活跃于海外市场。

不仅是对新兴市场的企业，贸易对所有成长型企业而言都更加重要，例如，瑞典服装零售商 H&M 只有 5% 的收入来自本土，其所有者斯蒂芬（Stefan）和莉泽洛特·佩尔松（Liselott Persson）依靠海外市场获得了大量财富。

一些大国的亿万富豪同样抓住了全球化的机遇。阿曼西奥·奥特加（Amancio Ortega）是 2014 年全球第三大富豪。他和他的印地纺集团（Inditex）在 2001 年首次登上《福布斯》亿万富豪排行榜，这也是西班牙人第一次出现在该榜单上。之后，他的财富增加了 10 倍，在 2014 年达到 640 亿美元。他的成功归功于其创立的平民快时尚品牌 Zara 和对公司的垂直整合，实现了从设计、生产、物流到零售的一体化。正是贸易和技术的发展，使这种模式成为可能。

服装贸易政策的巨大转变和供应链领域的技术革新，对 Zara 的崛起具有显著的推动作用。1988—2011 年，发达国家最惠国待遇（MFN）的服装关税从 18% 降至 10%，非关税壁垒也被消除。随着《国际纺织品贸易协定》（严格限制发展中国家销往发达国家的服装数量）的到期和相关限制的放松，该公司或将在摩洛哥和土耳其等国进行低成本生产，并在日本和美国等国进行销售而不受限制。Zara 的商业模式依赖于对销售信息的实时维护和调用，根据需求调整生产，并将货物运送到全球 6 000 多家门店，正是技术的发展和贸易便利化使这些成为可能。

图 6. 3 描述了奥特加的净资产及其品牌在全球和当地市场的扩张状况。他的财富与印地纺集团的全球扩张而非公司在西班牙的业务密切相关。虽然奥特加仅依靠西班牙本土市场就足以跻身富豪之列，但对全球市场的征服使之成为世界第三大富豪。

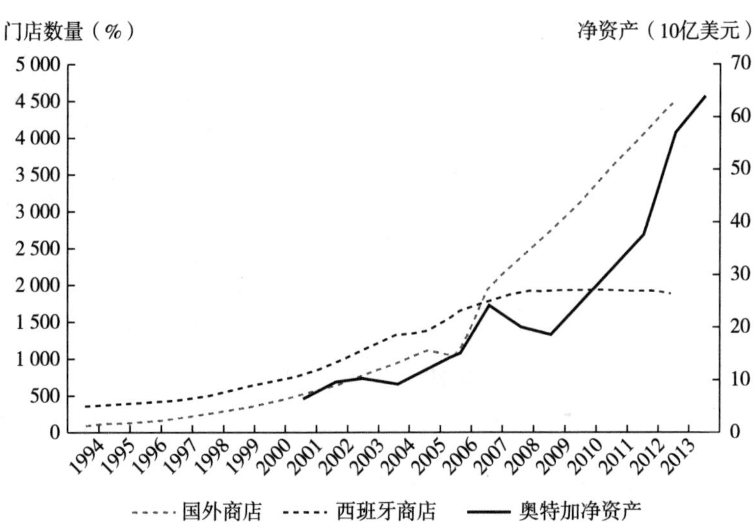

图 6. 3　1994—2013 年，印地纺集团的国内和国际门店数量以及创始人的财富

资料来源：印地纺集团年度报告和《福布斯》全球亿万富豪榜数据。

对新兴经济体和小国而言，全球市场非常重要，因为国内市场需求难以令其最高效的企业释放全部的生产潜力。对于大国的大型企业来说，全球市场同样重要，因为其需要通过扩展国外业务来促进自身的发展。1994 年，微软有四分之三的收入来自美国，2013 年，这一比例已降至一半，这表明其全球销售增长速度要远高于国内。1994 年，沃尔玛的海外门店不足 1%，但到 2014 年，这一数字已上升到 60%。

财富的涓滴效应

由于实现了生产一体化，巨额财富往往会从发达国家延伸到供应链中的其他市场（主要是新兴市场）。以苹果公司为例，2013 年，其 40% 的专卖店位于美国以外的市场。除了收入来源的全球化，苹果公司的供应链亦遍及全球，其供应商同样凭借强劲的竞争力成长为大型跨国企业，相关企业的创始人也变得极为富有。2014 年，中国台湾企业占据了苹果公司供应商总价值的 60%，而美国供应商仅占 15%。此外，苹果公司的供应商还分布在欧洲、南非和秘鲁。

全球有 60 位亿万富豪与苹果公司有业务往来。但对其中的大多数人而言，与苹果公司相关的业务收入在其 2014 年收入中的占比不到 5%。6 位亿万富豪（涉及 5 家企业）30% 以上的收入与苹果公司相关，其中最富有的两位来自新兴市场（见表 6.1）。①

① 2015 年，中国蓝思科技股份有限公司（Lens Technology）的周群飞被列入榜单。

表 6.1　2014 年苹果公司大型供应商中的亿万富豪

亿万富豪	公司名称	2014 年净资产（10 亿美元）	所属国家和地区
郭台铭	鸿海精密（富士康）	5.4	中国台湾
潘民政	瑞声科技	2.6	中国
马场功淳（Naruatsu Son）	COLOPL Inc.	2.2	日本
孙泰藏（Taizo Son）	工合在线娱乐	2.1	日本
具本茂和具本绫	LG 集团	1.5	韩国
		1.1	

注：大型供应商指在 2014 年前三个季度中，30%~60% 的销售收入来自苹果公司的供应链企业。

资料来源：苹果供应链分析（营收比例，2014 年第一至第三季度），《彭博商业周刊》（2014 年 10 月 23 日）。

企业出口、国际贸易和财富

全球市场对于创造巨额财富的大型跨国企业来说有多重要？《彭博商业周刊》根据全球上市公司的财务数据，并结合 2014 年《福布斯》全球亿万富豪榜，分别列出了新兴市场国家和发达国家前 50 位（非金融）亿万富豪的企业。利用 2004—2014 年 33 个新兴市场国家和 27 个发达国家企业在不同区域中的收入数据（尽管有些企业的年度数据存在缺失），计算出了各企业的海外销售占比。[①] 因为大多数企业的数据均以本国货币计算，所以海外收入占比使数据具有跨国可比性。

平均比较而言，大型企业的国际化程度比较高，其超过一半的收入来自出口（见表 6.2）。发达国家企业的出口收入份额

① 附表 6A.1 展示了这些企业的名单。

（62%）普遍高于新兴市场国家的企业（51%）。就区域分布而言，全球化程度最高的企业多为拉丁美洲、南亚和欧洲发达国家的企业，而东亚地区发展中国家的企业全球化程度相对最低。

表 6.2　2013 年不同地区大型非金融企业的国际收入份额

地区	来自本国以外的收入平均占比（%）	企业数量
新兴市场		
南亚	73.1	6
拉丁美洲	72.4	5
欧洲	58.2	9
东亚	16.5	9
中国	13.7	6
总计	50.7	29
总计（除中国以外）	60.4	23
发达国家		
欧洲	79.5	13
亚洲	59.1	2
盎格鲁国家*	42.4	12
总计	61.5	27

* 盎格鲁国家指美国、加拿大、澳大利亚和新西兰。

注：撒哈拉以南非洲只有一家企业，不包括在表内。

资料来源：2013 年不同市场区域的收入，《彭博商业周刊》（2014 年 10 月 23 日）。

如果考虑到欧洲国家相对较小的国内市场和国家间较高的一体化程度（将欧洲国家之间的贸易视为全球化贸易额），那么欧洲企业的大部分收入都来自国外就不足为奇了。相比之下，中国企业所服务的国内市场更为庞大。腾讯、百度和阿里巴巴等中国科技企业的收入几乎完全依赖于国内消费者，而谷歌（Google）和脸书则有一半以上的收入来自美国以外的地区。2013 年，上述三家中国企业的海外收入占比分别为 7.3%、0.2% 和 12.1%。而在韩国和日本等其他东亚国家，大型企业的海外收入占比约为60%。

与本国企业相比，跨国企业面临的市场规模更大，其所有者也会积累更多的财富。图6.4描绘了在国家规模不变的情况下，企业所有者的净资产和企业国际销售份额之间的正相关关系。这说明，采取海外扩张策略的企业所有者往往比专注于国内市场的企业所有者更加富有，其企业的国际收入份额每增加1个百分点，个人财富将增长0.8个百分点。这一作用要大于国内整体收入所带来的影响（GDP每增长1个百分点，个人财富仅会增长0.3个百分点）。

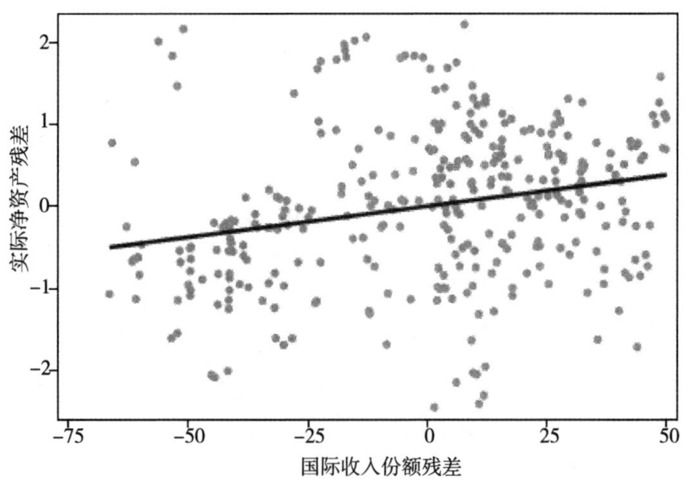

图6.4 2004—2014年，企业出口收入份额与其所有者净资产之间的相关性

注：纵轴显示无法由国家规模解释的净资产（本国GDP个人净资产回归的残差），横轴显示无法由国家规模解释的企业国际收入份额（本国GDP国际收入份额回归的残差）。年数因企业而异。

资料来源：2013年不同市场区域的收入，《彭博商业周刊》（2014年10月23日）；《福布斯》全球亿万富豪榜。

考虑到国际市场和原材料进口的重要性，一国贸易额的快速增长同样可能促进企业财富的增长。即使是聚焦国内市场的企业也会从贸易中受益，因为它们可以选择使用进口的原材料。

图 6.5 描绘了亿万富豪的财富与其所在国家贸易额年度增长率之间的关系，该散点图的趋势线表明，二者之间呈显著的正相关关系。

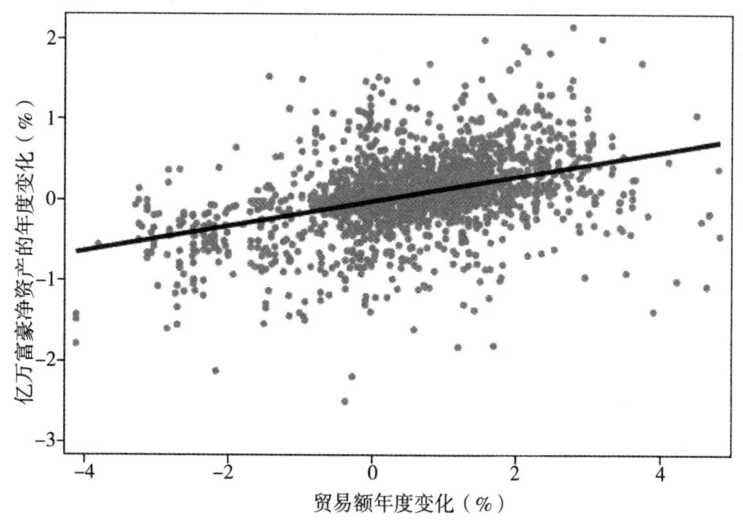

图 6.5　1996—2014 年，亿万富豪财富的变化与其所在国贸易变化之间的关系

资料来源：世界银行《世界发展指数》和《福布斯》全球亿万富豪榜。

贸易与国民收入增长的关系也十分紧密。当国民收入增长时，贸易和净资产都会增加，因而贸易和净资产之间可能存在很强的相关性。为了考察贸易的作用，并排除国民收入增长的广泛影响，我们可以将财富的标准决定因素作为控制变量，评估财富和贸易之间的相关性。同时，收入、国别及产业的影响，也纳入净资产与贸易的回归分析中。① 国别影响不随时间改变，反映了所在国家的既有特征。例如，美国比巴西拥有更多的亿万富豪：可能是因为其拥有更大的国土面积，并处于更高的发展水平；也可能是因为福布斯位于美国，因而其对财富的追踪记录更为准确。产业和年度的影响会随着时间的推移而改变，从而推动行业层面的全球财富增长，比如，大宗商品价格的上涨会对资源行业产生影响。

净资产属于国家—行业层面数据，涵盖的五个行业包括资源、贸易商品、非贸易商品、新兴行业和金融业。

图 6.6 表明，针对所有样本的财富和贸易之间都呈显著的正相关关系。尽管该结果在发达国家样本中并不显著，但在新兴市场样本中，二者显示出了更强的正相关关系。

研究结果表明，新兴市场的贸易增长与财富增长密切相关。二者的相关系数略大于 1，说明在国民收入增长、国别特征和行业影响不变的情况下，整体贸易额每增长 1%，亿万富豪的净资产就会增长 1%。这与基于企业数据的研究结果相似。新兴市场贸易额在某段时期的年均增长率为 7.4%，根据相关系数为 1 的估算数据，实际贸易增长带动亿万富豪财富增加了 7.4%。而新

① 因变量是 1996—2013 年的年度国家工业净值，这是《世界发展指数》的最新数据。自变量包括收入、国别影响、产业以及年度影响定值。贸易、收入和净资产都是实际数和对数，误差则汇总在国别层面。

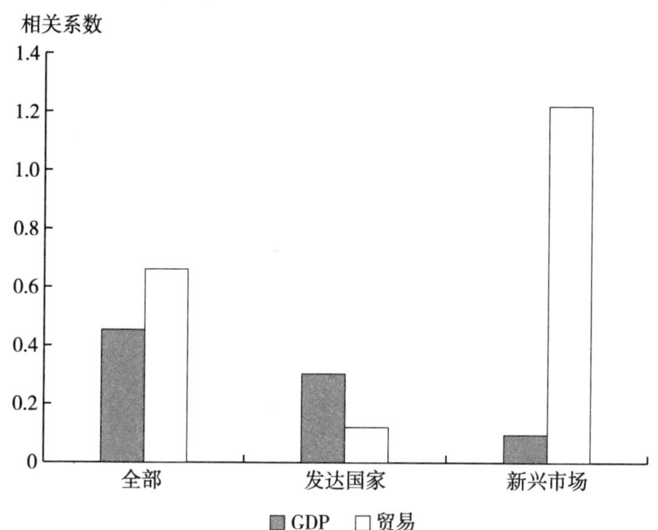

图 6.6　1996—2013 年，发达国家和新兴市场的贸易和 GDP 与亿万富豪财富之间的关系

注：在国家和产业年度效应影响不变的情况下，对净资产、收入和贸易的回归分析得出 GDP 和贸易的相关性系数，并以条形图标示。实心条表示在 10% 的水平上具有显著性。

兴市场财富的年均增长率为 10.7%，意味着亿万富豪财富增长中有 70% 与贸易的作用有关。

在发达国家，贸易和国民收入之间不存在统计上的显著相关性，这似乎是令人费解的。但分行业的回归结果说明了为什么贸易和 GDP 对发达国家没有那么重要。在发达国家，金融行业相关的财富与贸易呈高度负相关关系。而在其他行业，财富与贸易之间呈显著正相关关系（0.6）。这说明，与全球化的影响相比，发达国家巨额财富的增长与国内金融业发展的相关性更强，第十章将会对此进行更多的讨论。

本章小结

在新兴市场，对外贸易在很大程度上解释了巨额财富增长的原因。尽管发达国家大型企业的海外收入占比更高，但新兴市场企业的海外收入增长速度更快。随着新兴市场企业海外业务的快速扩张，贸易对新兴市场的财富增长发挥了更加重要的作用，70%的巨额财富增加都可以从中获得解释。新兴市场亿万富豪的财富激增，在很大程度上得益于更多可供选择的生产资源以及更广阔的全球销售市场。

附录 6A

表 6A.1　2014 年新兴市场和发达国家最富有的亿万富豪企业名单（非金融行业）

行业	新兴市场		发达国家	
	企业	国家/地区	企业	国家/地区
资源相关	安托法加斯塔（Antofagasta PLC）	智利	大陆资源公司（Continental Resources）	美国
	阿迪亚波拉集团（Aditya Birla Group）	印度		
	安赛乐米塔尔（Arcelor Mittal）	印度		
	瑞来斯实业（Reliance）	印度		
	墨西哥集团（Grupo México）	墨西哥		
	佩诺莱斯（Peñoles）	墨西哥		
	俄罗斯天然气（Gazprom）	俄罗斯		
	卢克石油（Lukoil）	俄罗斯		

续表

行业	新兴市场		发达国家	
	企业	国家/地区	企业	国家/地区
资源相关	俄罗斯金属投资公司（Metalloinvest）	俄罗斯		
	俄罗斯新利佩茨克钢铁（NLMK）	俄罗斯		
	诺里尔斯克镍业（Norilsk Nickel）	俄罗斯		
	联咏科技（Novatek）	俄罗斯		
	谢韦尔钢铁（Severstal）	俄罗斯		
新技术	阿里巴巴（Alibaba Group）	中国	默克雪兰诺（Serono）	瑞士
	百度（Baidu）	中国	辛迪思（Synthes USA）	瑞士
	腾讯（Tencent）	中国	达索集团（Dassault Group）	法国
	汉能太阳能（Hanergy Solar）	中国	联合博姿（Alliance Boots）	瑞士
	爱渠西来科技（HCL）	印度	软银（SoftBank）	日本
	太阳制药（Sun Pharmaceutical Industries）	印度	三星（Samsung）	韩国
	威普罗（Wipro Limited）	印度	亚马逊（Amazon）	美国
			苹果（Apple）	美国
			戴尔（Dell）	美国
			脸书（Facebook）	美国
			谷歌（Google）	美国
			微软（Microsoft）	美国
			甲骨文（Oracle）	美国

续表

行业	新兴市场		发达国家	
	企业	国家/地区	企业	国家/地区
非贸易类型	巴西环球集团（Grupo Globo）	巴西	开云集团（Kering）	法国
	周大福（Chow Tai Fook Enterprises）	香港	迪什网络（Dish Network）	美国
	墨西哥电器集团（Grupo Elektra）	墨西哥	新闻有限公司（News Limited）	美国
	墨西哥电信（Telmex）	墨西哥	沃尔玛（Walmart）	美国
	马格尼特超市（Magnit）	俄罗斯		
	系统金融公司（Sistema）	俄罗斯		
贸易类型的	英博集团（Ambev）	巴西	宝马（BMW）	德国
	长城汽车（Great Wall Motors）	中国	欧莱雅（L'Oréal）	法国
	丹格特集团（Dangote Group）	尼日利亚	欣杜贾集团（Hinduja Group）	英国
	乌拉尔钾肥贸易（Uralkali）	俄罗斯	阿玛尼（Armani）	意大利
	中国旺旺（Want Want China）	中国台湾	普拉达（Prada）	意大利
	正大集团（Charoen Pokphand Group）	泰国	陆逊梯卡（Luxottica）	意大利
	泰国酿酒（ThaiBev）	泰国	优衣库（Uniqlo）	日本
			喜力国际（Heineken International）	荷兰
			耐克（Nike）	美国

注：这些企业与2014年新兴市场和发达国家中最富有的50位富豪有关，并按市场区域进行划分。

资料来源：2004—2014年不同区域的收入，《彭博商业周刊》（2014年10月23日）。

第三部分　超级富豪的背景差异

第七章 缺少女性超级富豪

周群飞出生在湖南一个贫困家庭，曾在家务农以维持全家生计。后来，她南下到广东省的一家工厂打工，白天打工，晚上在深圳大学上夜校，学习商务和计算机课程。她用在手表厂打工的积蓄创办了自己的公司，2015 年身价达到 53 亿美元，成为全球白手起家的女首富。她的财富积累源自她创办的生产玻璃防护视窗的蓝思科技股份有限公司，公司拥有 60 000 名员工，市值达 120 亿美元。

雷菊芳出生在甘肃省，是中国西北部较为贫穷的省份。她毕业于西安交通大学真空物理学专业，在发明了药品和食物真空包装的新技术后，获得了副教授职称。在一次去西藏的旅途中，她为西藏传统中草药所吸引。1995 年，她成立了西藏奇正藏药股份有限公司，凭借她在物理学和工程学方面的专业技能，开发富有神秘色彩的藏药。她的公司设有一个研发中心和三个工厂，为中国、马来西亚、新加坡、北美和南美市场生产中草药制品。其个人财富达到15亿美元。

在大多数国家，女性往往是靠继承家产而致富的；而在中国却不同，大部分女性富豪都是白手起家。周群飞和雷菊芳的非凡之处在于，她们从零开始创办了自己的公司。8位资产超过10亿美元的中国女性富豪中，大部分是通过投资房地产或者与丈夫、兄弟一起创办企业而起家的。

2014年，新兴市场白手起家的富豪中，女性占比不到3%。排名前五的女性富豪有伊里斯·冯特博纳（Iris Fontbona）、杨惠妍、伊娃·贡达·里维拉（Eva Gonda Rivera）、何超琼和陈丽华。其中四位是通过继承而获得的财富，两位来自拉丁美洲（智利和墨西哥），两位来自中国大陆，一位来自中国香港。排名第五的陈丽华是中国房地产企业富华国际集团的创始人。

发达国家白手起家的女性富豪同样非常少，占比也不到3%。排名前五的女性富豪有克里斯蒂·沃尔顿（Christy Walton）、利莉亚娜·贝当古（Liliane Bettencourt）、艾丽斯·沃尔顿（Alice Walton）、杰奎琳·马尔斯（Jacqueline Mars）和吉娜·莱因哈特（Gina Rinehart）。她们的财富都是靠继承得来的，而澳大利亚矿业巨头吉娜·莱因哈特得益于她自有企业的快速发展，实现了财富的爆发式增长。

中国与美国的女性超级富豪

2014 年，世界上 38 位白手起家的女性富豪中，16 位来自美国（占全美白手起家富豪的 3.2%），8 位来自中国（占中国白手起家富豪的 5.2%），3 位来自英国，2 位来自中国香港，安哥拉、巴西、意大利、哈萨克斯坦、韩国、中国澳门、尼日利亚和俄罗斯各有 1 位。而在 2001 年，全球白手起家的富豪中只有 3 位女性，且都来自发达国家。

这些女性富豪并不像男性富豪那样富有。新兴市场白手起家的富豪中，女性富豪的平均净资产比男性要少 11 亿美元；而在发达国家，这一差距甚至更大，达到 17 亿美元。

发达国家女性富豪的份额是发展中国家的两倍。2001—2014 年，女性白手起家者的财富规模几乎翻了一番（见表 7.1）。新兴市场中白手起家的女性富豪比例与发达国家大致相同。2001—2014 年，无论是发达国家还是新兴市场，通过继承获得财富的女性富豪的比例都有所增加。在各种类型的富豪中，女性还是太少，缺乏足够的代表性。

表 7.1 2001 年和 2014 年，发达国家和新兴市场中女性和男性富豪及其财富分布（%）

财富类型/性别	2001 年		2014 年	
	人数份额	财富份额	人数份额	财富份额
发达国家				
继承类				
男性	34.7	33.4	26.7	29.1

续表

财富类型/性别	2001 年		2014 年	
	人数份额	财富份额	人数份额	财富份额
女性	7.1	10.7	11.0	12.4
白手起家类				
男性	57.5	55.4	60.1	57.3
女性	0.7	0.5	2.2	1.2
新兴市场				
继承类				
男性	41.8	41.8	16	17.5
女性	4.1	2.9	5.1	4.2
白手起家类				
男性	54.1	55.3	76.6	76.8
女性	0	0	2.3	1.5

资料来源：根据《福布斯》全球富豪榜数据分类整理。

白手起家女性富豪的行业分布

新兴市场白手起家的女性富豪中，有一半集中在金融行业，这一数字明显高于男性富豪在该行业的比例（35%）（见表7.2）。相比之下，发达国家女性富豪在金融领域的比例较小。这在一定程度上可能是因为新兴市场的金融行业主要是房地产领域，而发达国家的金融行业主要是投资银行和对冲基金领域。在贸易和非贸易领域，女性往往更多活跃在传统上与自身兴趣相关联的行业，比如时尚和医疗保健，而较少投身于需要大量启动资本的领域，比如机械制造。无论是发达国家还是新兴市场，女性在资源集中的领域都表现不佳。资源类的财富通常与政府相关联

（授权或许可），这意味着女性可能被排除在某些组织网络之外。在非金融和与政治相关领域中，企业创始人名单中只有 19 名女性（美国 12 人、中国 4 人、欧洲 3 人）（见表 7.3）。即使在这一精英阶层内部，绝大多数女性也是和她们的丈夫或兄弟一起创办企业，只有 6 位女性是通过独自创业致富的。

表 7.2　2014 年发达国家和新兴市场中白手起家的男性和女性富豪财富来源（%）

行业	男性	女性
	发达国家	
资源相关	6.8	0
高新技术	17.6	23.8
非贸易	23.1	38.1
贸易	15.8	28.6
金融	34.6	9.5
其他	2.1	0
	新兴市场	
资源相关	16.0	6.3
高新技术	11.8	12.5
非贸易	15.6	18.8
贸易	20.5	12.5
金融	35.2	50.0
其他	0.9	0

资料来源：根据《福布斯》全球富豪榜数据分类整理。

为什么白手起家的女性富豪这么少？

女性富豪如此之少，可能的原因是，在产品开发的各个层面都存在歧视和排斥现象，女性需要付出更多的努力来拓展新业务。美国富豪萨拉·布雷克里（Sara Blakely）的创业故事就突显了女性面临的困难，她是美国女士内衣品牌 Spanx 的创始人。布雷克里把连裤袜的腿部裁掉，既达到了塑身效果，又可以穿露趾鞋。她猜想其他女性可能做过同样的事情，并意识到这个想法会有较大市场，于是着手去实现它。她花了两年时间来开发产品，白天上班，晚上推销她的产品。她亲自打理生意的各个环节，为了确保销售，甚至要自己去亲自检查产品在百货公司商店中的摆放位置。当另一位女性富豪奥普拉·温弗瑞（OprahWinfrey）向人们宣称 Spanx 是最受欢迎的产品时，布雷克里才迎来了业务上的重大突破。布雷克里将公司留存收益中的大部分都投入到产品研发中去。直到今天，她仍拥有公司 100% 的股份。

表 7.3　2014 年不同国家（地区）由女性富豪创办或联合创办的企业

国家（地区）/姓名	净利润（10 亿美元）	行业	企业名称	创办日期（年）	是否联合创办
中国					
朱林瑶（中国香港）	1.8	香料	华宝国际控股有限公司	1900	是
何巧女	1.5	园林设计	北京东方园林投资控制有限公司	1992	否
雷菊芳	1.4	制药	西藏奇正藏药股份有限公司	1993	否
张茵	1.1	纸业	玖龙纸业（控股）有限公司	1995	是
欧洲					

续表

国家（地区）/姓名	净利润（10 亿美元）	行业	企业名称	创办日期（年）	是否联合创办
拉斐拉·阿庞特（Rafaela Aponte）瑞士	3.2	海运	地中海航运公司（MSC）	1970	是
朱丽安娜·贝纳通（Giuliana Benetton）意大利	2.9	服装	贝纳通服装	1965	是
丹尼斯·科茨（Denise Coates）英国	1.6	游戏	Bet365	2000	否
美国					
盖尔·库克（Gayle Cook）	5.8	医药器械	库克集团	1963	是
黛安·亨德里克斯（Diane Hendricks）	4.6	建材批发	ABC 供应公司	1982	是
多丽丝·费舍尔（Doris Fisher）	3.3	服装	The Gap	1969	是
朱迪·福克纳（Judy Faulkner）	3.1	健康软件	Epic 系统	1979	否
张金淑（Jin Sook Chang）	2.9	服装零售	Forever 21	1984	是
奥普拉·温弗瑞（Oprah Winfrey）	2.9	媒体	哈珀传播公司	1986	否
约翰纳尔·亨特（Johnelle Hunt）	2.1	货运	J. B. 亨特运输服务公司	1961	是
玛丽安·伊里奇（Marian Ilitch）	1.8	餐饮	小恺撒比萨	1959	是

续表

国家（地区）/姓名	净利润（10亿美元）	行业	企业名称	创办日期（年）	是否联合创办
朱迪·勒夫（Judy Love）	1.8	公路服务区	勒夫的公路服务区与加油站	1964	是
蒋佩琪（Peggy Cherng）	1.4	餐饮	熊猫快餐	1973	是
萨拉·布雷克里（Sara Blakely）	1.0	服装	Spanx	2000	否
汤丽·柏琦（Tory Burch）	1.0	服装	Tory Burch LLC	2004	是

注：表中的名单统计不包括金融或政治相关领域的女性富豪。

资料来源：根据《福布斯》全球富豪榜数据分类整理。

在这些故事中，获得成功的女性基本都有三个共同特点：一是具有创新精神和坚强毅力；二是幸运地遇到一位重要的合作伙伴，帮助自己找到了通向潜在客户的渠道；三是很有限的融资。这些特征在许多女性富豪的创业故事中都有所体现。

基兰·玛兹穆德-肖（Kiran Mazumdar-Shaw）是印度唯一的白手起家女性富豪，她的成功之路也离不开缘分的青睐。在印度传统一直以男性为主导的酿酒行业中，经过多年的努力成为酿酒师后，她机缘巧合地遇见了一位爱尔兰企业家。这位企业家正希望将生物科技引入印度，并说服她从啤酒行业转向酶生产行业。所有的银行都拒绝了她的贷款请求，最后她终于在一次社交活动中获得了第一笔外部融资。

拥有的商业关系越多，迎来突破的机会就会越大。然而，与男性相比，女性往往与同行的联系更少。在各个国家，女性在企业高层管理和董事会成员中的占比较少，在商业协会中颇为边缘化，只有极少的女性在政府高层任职，而在与商业相关的领域更是寥寥无几。

2014年，保罗·冈珀斯（Paul Gompers）等人对女性风险投资家进行了研究，其结论突显了关系网络的重要性。研究表明，男性风险投资家会从与成功的同事交往中受益；而女性风险投资家的同事都是男性（通常是这样的），她们很难从身边的同事那里受益。个人能力与男性同行不相上下的女性，业绩明显弱于男性，而这一业绩差距主要归因于男性拥有更多高素质的男性同事。保罗·冈珀斯通过访谈发现，女性参加非正式会议和社交活动的频率低于男性。一位女性风险投资家评论说："他们有很多风险投资家圈内的活动，如飞钓、赛车、高尔夫球等，这些活动都不会邀请女性参加。"另一位女性风险投资家也注意到：经常被不经意地排除在各种社交聚会之外，比如男人们的周末活动。在金融领域，人脉效应非常重要。很少有女性能够在该领域（房地产行业除外）创造大量财富，女性企业家更难获得融资，原因就在于此。

融资难，意味着在获得助力企业发展为全球巨头的大型投资之前，企业都必须首先依靠自身发展壮大。融资对企业创始阶段来说很重要，尤其是在启动资本较高的行业。研究表明，即使在美国，女性企业家获得外部融资的机会也比男性要少得多。研究女性创业的"戴安娜项目"（Diana Project）显示："尽管20世纪90年代世界范围内的女性创业率一直处在历史最高水平，但她们获得资本助力企业发展的能力非常有限。1995—1998年间上市的企业中，接近20%的企业是由女性创办或者管理的，这也证明了女性领导高增长和高价值企业的能力，但其中只有2%的企业获得过风险投资。”2014年，世界银行通过大量研究汇总而成的《工作中的性别》报告指出，在新兴市场中，女性创业者在金融部门获得的融资尤其匮乏。

女性创业者之所以融资难，部分原因是女性投资者为数寥寥。在美国，女性风险投资者只占总数的6%，80%的企业从未获得过女性投资者的投资。

为什么中国会不同？

中国女性创业者相对成功，其中有多方面的原因。一个重要因素是文化，与其他发展中国家的情况不同，绝大多数中国女性都会参加工作。与美国类似，中国女性劳动力几乎占总劳动力的一半。根据世界银行2012年的数据，中国和美国的工作女性人数为男性的82%。中国的发展和现代化进程，为雷菊芳这样具有创新能力的女性提供了更多的机会。此外，中国很多民营企业都会把留存收益再投资，用于企业发展，因此，对于资金雄厚的企业来说，女性创业者所面临的竞争压力会相对小一些。

女性创业者在资源配置中的重要性

女性创业者的稀少不仅仅是公平性的问题，而且为数不多的大型企业女性创业者意味着很多商业机会未得到充分挖掘。性别歧视不仅仅影响直接相关的个人，而且会影响整体经济的健康发展。没有理由认为，一半的人口只能想出的最佳商业创意不到3%。女性在融入商业网络以及融资时所面临的困难阻碍着其企业的发展，更糟糕的是，这会让其他女性也丧失创业的勇气。如果女性能更顺利地融入商业网络中，并与男性有同样的融资机会，则更多的新创企业很有可能会出现，市场竞争会更充分，资本分配也会更加合理。美国和中国是占据全球财富榜单上人数最多的两个国家，也可以说是在其所属收入组中这方面表现最好的国家。如果女性创业者的进入门槛过高，那么势必会减少企业的发展机会，也会减少市场上的就业机会。

女性创业者之间的相互扶持

展望未来，鼓舞人心的是，那些女性富豪经常会帮助其他女性创业者。美国女性富豪萨拉·布雷克里和汤丽·柏琦把她们的成就归功于美国著名的女性富豪奥普拉·温弗瑞，后者为她们产品的背书成为其企业发展的转折点，这也凸显了商业人脉的重要性。温弗瑞不仅帮助美国国内的女性创业者，而且也在通过各种方式帮助其他国家的女性，她名下的基金主要致力于资助南非的女性创业者。

柏琦和布雷克里都加入她的队伍之中，汤丽·柏琦基金会（Tory Burch Foundation）和布雷克里名下的振作基金会（Leg Up Foundation）都通过贷款或培训的方式来支持女性创业者。谢丽尔·桑德伯格（Sheryl Sandberg）是美国排名第二的女性富豪，她同样关心女性问题，她所著的畅销书《向前一步》（*Lean In*），旨在指导女性如何通过自身努力来创造职业晋升和事业成功的机会，以及如何充分利用企业和政府在鼓励女性领导力方面的政策。

在美国之外，也有许多女性富豪致力于支持妇女和儿童事业。佛罗伦索·阿拉基嘉（Folorunsho Alakija）是尼日利亚最富有的女性，她创办了木槿基金会（Rose of Sharon Foundation），为寡妇提供创业津贴，为孤儿赞助奖学金。雷菊芳在西藏创办了培养医生的学校，学生大部分来自贫困家庭。莉莉安·贝腾科特（Liliane Bettencourt）和她的兄弟姐妹创办了一家慈善机构，专门资助饱受战火摧残的孩子。J. K. 罗琳（J. K. Rowling），《哈利·波特》系列小说的作者，由于为帮助妇女和儿童的慈善事业而捐助了大量个人财富，结果从 2012 年《福布斯》全球富豪榜上落榜。

为什么女性继承财富要比男性少？

无论是发展中国家还是发达国家的继承人，女性继承财富的比例相对较少，低于三分之一。女性继承人的人数如此之少，可能反映了将财富传给男性亲属的普遍文化倾向。

当然，也有些家庭会平均分配财产。帕特里夏·安吉里尼·罗西（Patricia Angelini Rossi）和罗伯托·安吉里尼·罗西（Roberto Angelini Rossi ）共同继承了安吉里尼集团（Angelini

Group)。三星集团董事长李健熙的三个孩子都是富豪，也都在企业担任领导职位，但只有他的儿子被培养为接班人。凯瑟琳·洛奇可（Catherine Lozick）的父亲把制水阀企业世伟洛克（Swagelok）的多数股权留给了她，而不是她的兄弟。然而，在全球范围内，继承类的富豪中只有不到30%为女性，这意味着父母还是把大量财富传给儿子，也许世人普遍认为男性更有可能发展和维持大量的遗产财富（白手起家的男性富豪人数也明显超过女性，这说明男性在财富增值方面比女性更为成功）。

有证据表明，多数人的子女中女性在遗产继承方面往往排在男性后面。在举出超过五例继承巨额财富的国家和地区中，埃及、新加坡和中国台湾没有任何一例是将财富传给女性继承者的，而加拿大、英国和意大利的女性继承的财富甚至更少，仅为总数的15%。不同的国家，如在丹麦和泰国所进行的家族企业研究，充分证明了遗产传给男性而不是女性的倾向。

本章小结

在大型企业的企业家当中，女性极度稀缺。美国和中国相对表现较好，但即使在这两个国家，白手起家的男女富豪比例也超过了9∶1。

缺乏商业人脉和融资困难，可以解释为何大型企业的女性领导者常常是凤毛麟角。女性更倾向于开创以女性客户为主要消费群体的商业项目，包括时尚、美食、健康和服务行业。女性企业家在这些行业的人脉更广，同时，在创业初期并不需要巨额融资。相反，在机械、电子和对冲基金领域的女性创业者几乎为零。

女性创业者的缺乏不仅不利于社会平等，而且会影响资源的配置效率。同时，这也意味着大量人才的浪费，这也是本书希望能引起社会关注的问题之一。女性创业所面临的障碍太多，说明还有很多伟大的构想没有转化为大型企业的商业机会，进而制约了经济的高质量发展。

第八章
年轻的创业者与初创企业

新技术造就了一批财富新贵，其中大部分是年轻的男性（只有极少数女性）。32 岁的中国人陈欧（聚美优品的创始人），是发展中国家最年轻的白手起家富豪。而创建色拉布（Snapchat）的鲍比·墨菲（Bobby Murphy）和埃文·斯皮格尔（Evan Spiegel）在 24 岁时便成为富豪。脸书的创始人马克·扎克伯格和达斯汀·莫斯科维茨（Dustin Moskovitz）在 30 岁之前就成为富豪。40 岁以下的富豪中，45% 是依靠创新技术成长起来的（如果将继承类的富豪排除在总数之外，这一比例则为 82%）。

除了在新技术领域，所有国家的超级富豪都趋向年轻化，新兴市场的富豪明显比发达国家的富豪更年轻，他们的企业也更年轻。超过一半的新兴市场富豪在 60 岁以下，而发达国家 60 岁以下的富豪不到总数的三分之一。

新兴市场富豪的财富积累时间也比较短，其企业的平均创立时间为 1986 年，而发达国家富豪的企业平均创立时间为 1967 年。新兴市场的富豪处在其人生的黄金时期，经营着相对较新的企业。

通过对巨额财富拥有者的心理研究发现，他们通常是能够敏锐地嗅到革命性变化并及时采取行动的人。在变革的时代也是财富频繁易手的时代。克里斯蒂娅·弗里兰德（Chrystia Freeland）在《巨富：全球超级新贵的崛起及其他人的没落》一书中阐述了这种心态和行为方式。新兴市场中出生的富豪，如乔治·索罗斯（George Soros）、阿迪蒂亚·米塔尔（Aditya Mittal）和尤里·米尔纳（Yuri Milner），都表现出了对革命性变化的敏锐嗅觉，并立即采取行动，进行大规模投资。正如弗里兰德所说："对变革的反应是造就巨富的主要途径。"这些人愿意承担更大的风险，这些风险往往超出寻常，有时足以赚取数十亿美元，但有时也会使人身败名裂。赖昌星和米哈伊尔·霍多尔科夫斯基（Mikhail Khodorkovsky）的财富最终将自己送进了监狱。这些未知的风险会导致一些国家巨富阶层的波动，不止一位评论员指出，很多存活下来的有钱人都是偏执狂。

剧烈的经济转型孕育了前所未有的机会，因此，大多数财富新贵的诞生是与工业化和现代化进程同步的。另外，一些国家的体制变革也造就了财富重新分配的条件。一定程度上，伴随着变革而产生的财富积累是一种自然现象。相比发达国家靠生产传统商品发家的老一辈富豪，发展中国家的富豪看起来可能更类似于发达国家中掌握了新技术的年轻富豪。与新兴市场的结构性转型一样，新技术为那些能够看清变革方向并有能力采取行动的少数创业者提供了绝佳的机会。

就与巨额财富相关的企业年限而言，发达国家与新兴市场之间出现了较大的差异。2001 年，两者企业平均年限相似：发达国家为 45 年，发展中国家为 42 年。到 2014 年，发达国家富豪的企业年限比较长，平均为 47 年，相比之下，新兴市场富豪的企业年限平均只有 28 年，与发达国家创新行业中的企业平均年限相仿（31 年）。

本章将对与富豪财富相关的企业成立时间进行分析，以评估超级富豪中原有财富的衰败和新财富的积累，并描述创新性破坏的程度，即效率较高的企业是如何取代效率较低的企业的过程。

新兴市场的年轻富豪

相比发达国家，新兴市场的富豪，尤其是白手起家的富豪要更加年轻（见图 8.1 ）。

新兴市场中，50 岁以下的富豪人数超过了 70 岁以上的富豪人数。白手起家的富豪分布更趋年轻化，而财富继承类的富豪分布则更加均匀。相比之下，发达国家超过三分之一的富豪在 70 岁以上，50 岁以下的只有 12 %。发达国家中，白手起家富豪和财富继承类富豪的年龄分布几乎完全一样。

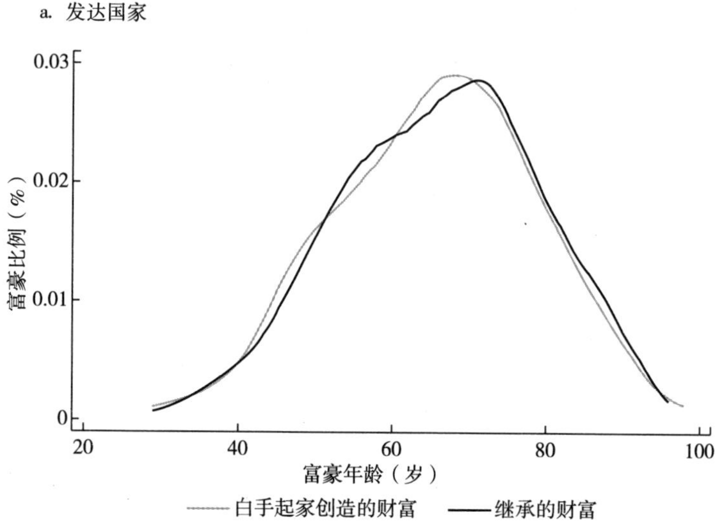

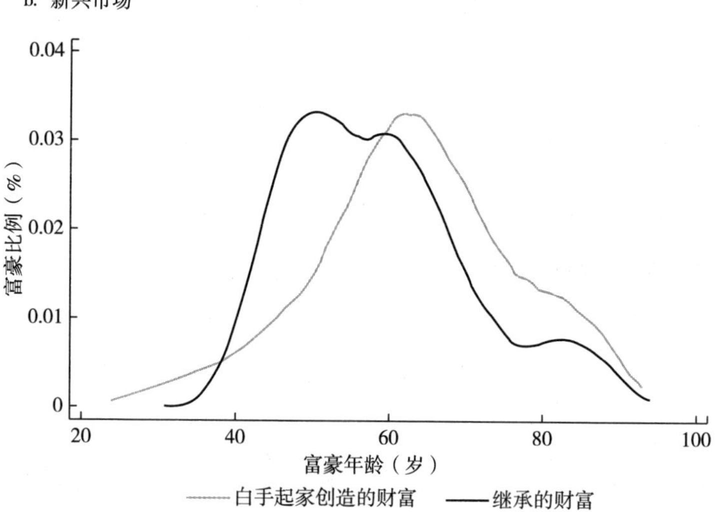

图8.1　发达国家和新兴市场中不同财富来源的富豪年龄分布情况

注：此图显示了富豪在不同年龄段的分布，数据经过平滑曲线处理。

资料来源：《福布斯》全球富豪榜数据。

新兴市场中的富豪们抓住了经济发展中的新机遇，他们比来自高收入国家的企业家们要更加年轻。发达国家新成长起来的富豪也在努力抓住机遇，迎接快速到来的技术变革，因此，相较于传统行业的白手起家者（贸易和非贸易领域），他们与新兴市场中白手起家的富豪更相似。的确，高收入国家中新技术领域的富豪有着更广泛的年龄分布；与高收入国家其他富豪相比，他们与新兴市场中的富豪有更多的交集（见图 8.2）。

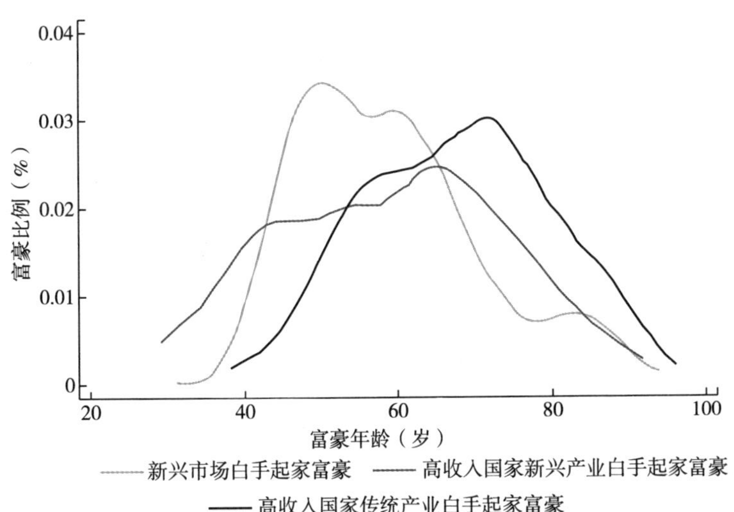

图 8.2　2014 年，在发达国家和新兴市场中不同行业白手起家富豪的年龄分布

注：此图显示了富豪在不同年龄段的分布，数据经过平滑曲线处理。

资料来源：《福布斯》全球富豪榜数据。

新兴市场中的企业更加年轻

新兴市场中的富豪比发达国家中的富豪更为年轻，甚至比发达国家高新技术行业的富豪还要年轻。不过，年龄只能概略估算创造财富的时间，却提供不了继承类财富的更多信息。因此，这一节我们将通过企业创立时间的分析来衡量财富积累的时间长度。

2014 年《福布斯》富豪榜上，与富豪相关的五家最老的企业中，有三家传承自欧洲贵族。其中，冯·图恩和塔克西斯家族（von Thurn und Taxis）最为古老，从 1615 年就已开始运营德国邮政系统。[①] 而位于加拿大的哈德逊巴伊公司，起家于皮草贸易，迄今已经有 300 多年。中国最大的酱油生产商——佛山海天调味食品股份有限公司，成立于 18 世纪。极少有企业能持续经营这么长时间，与 2014 年上榜富豪相关的企业中，只有 7% 是在 1900 年之前成立的，低于 2001 年的 13% 。

企业越来越趋于年轻化，尤其是在新兴市场。在 2001 年的富豪榜上，高收入国家中一些较年轻的企业，包括雅虎（成立于 1994 年）、亚马逊（成立于 1994 年）和 eBay（成立于 1995 年），都是当今的科技巨头。2014 年，高收入国家中较年轻的企业同样是科技企业，包括团购网站 Groupon（成立于 2008 年）、

① 另外两家与欧洲贵族相关的企业，是与威斯敏斯特公爵有关的英国格罗夫纳集团（1677 年），以及卡多根伯爵的卡多根地产（1712 年）。

跨平台应用程序 WhatsApp（成立于2009 年）和美国母婴用品团购平台 Zulily（成立于2010 年）。在2001 年的富豪榜上，新兴市场中较年轻的四家企业均为俄罗斯石油或天然气企业，当时的俄罗斯处于私有化浪潮中，这些企业的创立年限都已超过8 年；而在2014 年的富豪榜中，较年轻企业的创立年限只为其一半。中国手机生产商小米科技的创始人雷军，于2010 年创立公司，仅4 年后就成为富豪。

相比富豪的年龄，企业的成立时间可以为财富生命周期提供更为准确的信息。2001 年，富豪企业的平均创立年限与2014 年相一致，这充分说明基于遗赠或投资，原有的财富基本保持不变（即使所有者的名字可能有所变更），而平均创始日期越晚，则说明超级富豪的财富正在轮转，同时企业之间在发生创造性破坏与相互替代。

2014 年富豪企业的平均年限是50 年，比2001 年企业平均年限的55 年更短（见表8.1）。2014 年富豪企业的年限中位数是41 年，比2001 年的43 年更短。[①] 这一变化可能是因为有大量新企业的出现，而那些最大的企业以及最富有的个体却没有什么变化。然而，在榜单的顶部并不是没有变化，主要是前150 位的富豪相关企业：如果2001 年和2014 年的企业年限大致相同，则意味

① 本节中提到的与富豪财富相关的主要企业信息，以及这些企业的成立日期，都包括在2001 年和2014 年的富豪榜名单中。以每一个富豪作为一个观察点，而不是他们的企业，因此，来自同一企业的多个富豪会被统计为多个观察点。

着在此期间有新企业挤进了前150名；如果同一批企业在2001年和2014年都创造了最多的财富，则这批企业的年限应该增加13年。

表8.1　2001年和2014年，发达国家和新兴市场中富豪企业的平均创立时间

财富类型	成立时间		25%的企业成立于	
	平均	中位数	之前	之后
2001年				
全球	1946	1958	1926	1975
白手起家	1967	1971	1959	1982
继承	1918	1926	1899	1948
发达国家	1946	1959	1926	1975
白手起家	1968	1972	1960	1982
继承	1914	1923	1896	1947
新兴市场	1948	1956	1926	1971
白手起家	1962	1963	1955	1981
继承	1932	1935	1919	1955
2014年				
全球	1964	1973	1949	1991
白手起家	1979	1985	1970	1994
继承	1928	1938	1911	1953
发达国家	1956	1967	1941	1984
白手起家	1976	1980	1967	1990
继承	1923	1936	1903	1951
新兴市场	1974	1986	1959	1994
白手起家	1983	1991	1975	1995
继承	1940	1945	1925	1959

资料来源：《福布斯》全球富豪榜数据。

发达国家的企业一般比新兴市场企业的历史更长。发达国家

的企业在 2014 年的平均年限为 58 年，2001 年为 55 年。而新兴市场企业在 2014 年的平均年限为 40 年，比 2001 年时的 52 年要少 12 年。新兴市场中，白手起家富豪创立的企业年限中位数在 2001 年是 35 年，2014 年是 23 年。而发达国家中，2001 年的中位数是 29 年，2014 年是 35 年。

为了理解企业成立时间的逐年分布差异，以及异常值的影响，图 8.3 绘制了富豪相关企业年限的逐年分布图。纵轴显示了每个横轴年数上的企业份额。使用企业年限，而不是创建时间，是为了消除 2001 年和 2014 年之间 13 年数据的差距。从图 8.3 可以看出，企业成立时间的分布确实是右偏的，有一部分企业的

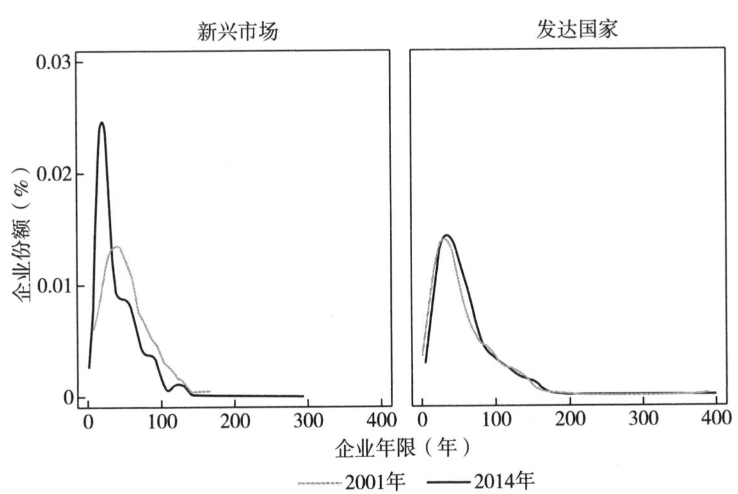

图 8.3　2001 年和 2014 年，发达国家和新兴市场中与富豪财富相关的企业年限分布

注：此图显示了不同创立年限的企业分布，观测数据经过平滑曲线处理。

资料来源：基于《福布斯》全球富豪榜数据进行整理。

历史非常长，使得富豪相关企业的平均年限偏离了富豪最为集中的时期。发达国家在 2001 年和 2014 年企业年限的分布非常相似，意味着富豪相关的企业存在更替。但一种稳定状态的平衡是显而易见的，新企业以恒定的速度取代了老企业，使所有企业的平均历史时长保持不变。相比之下，2014 年，新兴市场的分布趋向于年轻企业，新兴市场四分之一的企业成立于 1990 年和 1995 年。去掉中国和俄罗斯的数据后，虽然年轻企业的集中程度有所减弱，但仍然显示出整体年轻化的趋势（见图 8.4）。

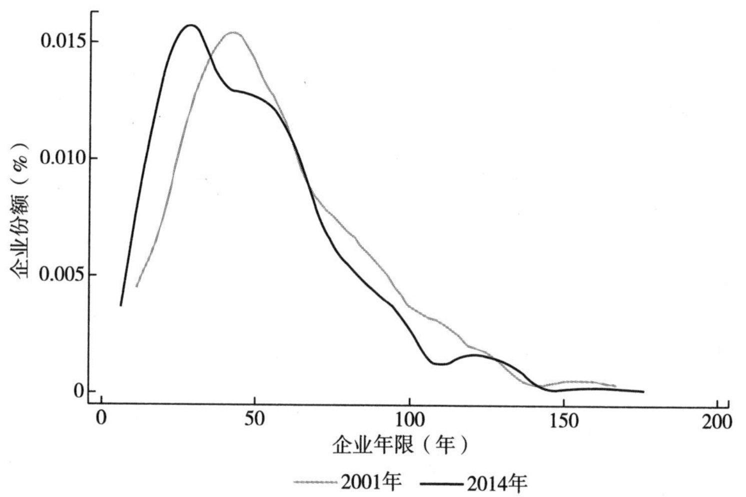

图 8.4　2001 年和 2014 年，新兴市场富豪相关企业的年限分布（不包括中国和俄罗斯数据）

注：此图显示了不同创立年限的企业分布，观测数据经过平滑曲线处理。

资料来源：基于《福布斯》全球富豪榜数据进行整理。

使用企业创立年限，对于比较当下新兴市场企业家和发达国家不同类型的企业家是很有帮助的。2014 年，新兴市场中高新技术、贸易和非贸易领域企业的创立年限分布，与发达国家高新技术领域企业的创立年限分布相类似，其峰值约为 20 年。相比之下，发达国家贸易与非贸易领域中大多数富豪相关企业至少有 30 年的历史（见图 8.5）。相比其他领域的企业，发达国家高新技术领域企业与新兴市场的企业更为相似。

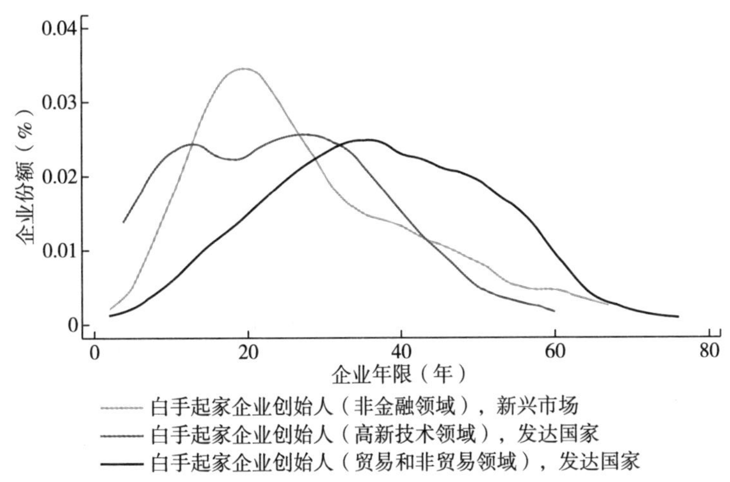

图 8.5　2014 年，发达国家和新兴市场不同领域富豪相关企业的创立年限分布

注：此图显示了不同创立年限的企业分布，观测数据经过平滑曲线处理。

资料来源：基于《福布斯》全球富豪榜数据进行整理。

这一结果与尼古拉斯·韦龙（Nicolas Véron）2008 年的研究结果一致，最大的 500 家企业中，新兴市场企业往往比发达国家的企业更年轻。他认为，这一结论反映了新兴市场企业追赶增长的过程。以上结论说明，新兴市场中大型企业的快速发展是最近几年才出现的现象。

变迁：更加富有或出局

表 8. 2 展示了发达国家和新兴市场的富豪变迁矩阵，第 1 个五分位是指底部 20% 的富豪，第 5 个五分位是指顶部 20% 的富豪。这个矩阵反映了 2001 年不同五分位的富豪在 2014 年所处的位置。

数据呈现了非常明显的不进则退的现象，尤其是在新兴市场。不管富豪在 2001 年处于什么位置，如果 2014 年还在榜单上，就很有可能位置更靠前了，而不是停留在原来位置。新兴市场 2001 年第 1 个五分位中，近 80% 的富豪在 2014 年都上升到最高的五分位或退出榜单；而发达国家中这一比例则不到 60%。新兴市场 2001 年第 1 个五分位中的富豪，没有任何一个在 2014 年仍在同样的位置（左上角第一个单元格），所有人都上升到更高的五分位或出局了。

2001 年和 2014 年，新兴市场中的富豪存在巨大变动，只有六成富豪仍留在榜单中。2001 年处在底部 20% 的富豪中，只有一半还在榜单中。然而，那些存活下来的底部 20% 的富豪，很有可能上升到了顶部 20% 的富豪中。

表8.2　2001年和2014年，发达国家和新兴市场中富豪所在五分位表中的变动情况

		新兴市场2014年的分位					出局（每个分位中出局的富豪比例）
		1	2	3	4	5	
2001年的分位	1	0	7.1	3.6	10.7	32.1	46.4
	2	0	0	14.3	0	42.9	42.9
	3	0	12.5	0	12.5	43.8	31.3
	4	0	0	11.8	23.5	23.5	41.2
	5	0	5.9	0	11.8	52.9	29.4
新晋（每个分位中新入榜的富豪比例）		24.4	21.6	18.0	20.7	15.4	
		发达国家2014年的分位					出局（每个分位中出局的富豪比例）
		1	2	3	4	5	
2001年的分位	1	9.0	9.0	13.0	10.0	5.0	54.0
	2	9.6	7.2	6.0	18.1	9.6	49.4
	3	4.6	10.2	11.4	12.5	15.9	45.5
	4	5.5	4.4	13.3	20.0	24.4	32.2
	5	1.2	1.2	5.9	9.4	57.7	24.7
新晋（每个分位中新入榜的富豪比例）		25.8	21.6	22.6	17.3	12.6	

资料来源：根据《福布斯》全球富豪榜数据计算。

创造性破坏：2001 年和 2014 年富豪榜的变化

2001 年和 2014 年，所有证据都表明，新兴市场比发达国家更具有活力。稳定性系数能够显示出顶部企业或企业家的流动性，也可以用来确定这些大型企业是否具有市场活力。2018 年，凯西·福格尔、兰德·莫克和伯纳德·杨分析了 44 个国家中最大的 10 家企业在 1978 年和 1998 年的稳定性。他们发现，经济发展越快的国家，最大的 10 家企业的变动性也越强，因此，可以将其解读为创造性破坏的证据。如果商业更有活力，那么新企业会更快地发展壮大，并取代历史更长的大型企业，整个国家的经济表现也会更好。

稳定性的高低取决于一个国家的财富创造能力。通常而言，稳定性越低，则意味着一个国家中有更多的新财富涌现出来，反之亦然。通过观察 2014 年前 3 名、前 5 名和前 10 名富豪在 2009 年同一组中的比例，可以计算出整体的稳定性系数。稳定性系数以 2009 年作为基准年，是为了确保每个国家/地区中的富豪数量足够多，至少有前 3、前 5 和前 10 的排名。为了测量出前 3 名的稳定性，该国家/地区必须在 5 年前也至少有 3 位富豪。要测量出前 5 名和前 10 名的稳定性，条件依此类推。因此，相比测量前 5 名的稳定性，有更多的国家/地区可以测量出前 3 名的稳定性。2001 年，新兴市场国家/地区的富豪数量太少，故而无法计算出稳定性系数。

表 8.3 展示了不同国家/地区的稳定性系数。数据表明，新

兴市场更有活力，顶级富豪中大约有47%~57%保持不变，而发达国家的这一比例大约是57%~67%。

表8.3　2009—2014年不同国家/地区排名前3、前5和前10富豪的稳定性

国家/地区	前3稳定性系数	国家/地区	前5稳定性系数	国家/地区	前10稳定性系数
发达国家					
加拿大	0.33	加拿大	0.40	西班牙	0.30
日本	0.33	西班牙	0.40	加拿大	0.40
挪威	0.33	英国	0.40	德国	0.50
澳大利亚	0.67	日本	0.40	德国	0.50
奥地利	0.67	澳大利亚	0.60	意大利	0.50
德国	0.67	瑞典	0.60	英国	0.60
西班牙	0.67	瑞士	0.60	澳大利亚	0.70
法国	0.67	美国	0.60	日本	0.70
英国	0.67	德国	0.80	美国	0.90
意大利	0.67	法国	0.80		
韩国	0.67	爱尔兰	0.80		
瑞典	0.67	意大利	0.80		
瑞士	0.67				
爱尔兰	1.00				
荷兰	1.00				
美国	1.00				
平均	0.67	平均	0.60	平均	0.57
新兴市场					
中国	0	中国	0	土耳其	0.30
科威特	0	巴西	0.40	巴西	0.40
俄罗斯	0	俄罗斯	0.40	俄罗斯	0.40
智利	0.33	土耳其	0.40	以色列	0.50
阿联酋	0.67	中国香港	0.60	中国香港	0.70
巴西	0.67	印度尼西亚	0.60	印度	0.70
埃及	0.67	印度	0.60		

续表

国家/地区	前3稳定性系数	国家/地区	前5稳定性系数	国家/地区	前10稳定性系数
中国香港	0.67	以色列	0.60		
印度尼西亚	0.67	沙特阿拉伯	0.60		
印度	0.67	墨西哥	0.80		
以色列	0.67	马来西亚	1.00		
墨西哥	0.67				
马来西亚	0.67				
沙特阿拉伯	0.67				
中国台湾	0.67				
泰国	0.67				
土耳其	0.67				
乌克兰	0.67				
南非	0.67				
黎巴嫩	1.00				
平均	0.57	平均	0.55	平均	0.47

注：稳定性是指2009年处在前3、前5和前10的富豪，在2014年仍然处在相同组的比例。

资料来源：根据《福布斯》全球富豪榜数据计算。

在新兴市场中，中国和印度的情况截然不同。尽管两国人口规模相近，但中国企业及超级富豪在排行榜上名列前茅，活力十足，而印度企业则接近排行榜的底部位置。中国和印度都有几位新兴产业富豪。印度有石油和钢铁富豪，而中国则有众多依靠制造业和贸易起家的富豪，如汽车、电器和饮料领域。在前10名富豪中，中国只有两位是继承者，而印度则有一半属于此类。

本章小结

基于对富豪及其企业的研究，我发现了财富的五种变化趋势。第一，相比发达国家，新兴市场的富豪往往更为年轻。第二，在20世纪90年代初，新兴市场涌现了一批新创企业，从而催生了上述现象的出现；发达国家的新兴产业中也呈现出类似的模式。第三，在富豪中存在一种不进则退的现象，尤其是在新兴市场：要么财富迅速增长，要么就会从富豪榜单上消失。第四，新兴市场比发达国家更有增长活力。第五，无论在发达国家还是在发展中国家，财富的积累年限并没有显著的增加，这意味着新财富在不断被创造出来的同时，旧时的财富也在不断消亡。

第四部分　不平等性与政策建议

第九章
不平等性、经济增长与再分配

2014 年 12 月，时任韩国大韩航空副社长的赵显娥，也就是大韩航空会长兼行政总裁的千金，登上了从纽约飞往首尔的大韩航空班机。在头等舱落座后，空姐给她送上了一包夏威夷坚果，但没有像她期待中的那样倒在盘子里。于是，她把客舱乘务长叫到她的座位前，破口责骂并让乘务长下跪，然后将其解雇。她让飞机返回登机口并将这位乘务长赶下飞机，因为一袋坚果而使航班延误。大韩航空试图掩盖此事，但受辱员工向媒体曝光了这一事件。最后，赵显娥辞去了她的副社长职务，并公开道歉，同时因违反《航空保安法》而被监禁四个月。

“坚果门”只是赵氏家族系列丑闻中的一起。据《华盛顿邮报》报道：“赵显娥被指责在夏威夷生下双胞胎儿子，获得美国国籍，从而逃避了韩国的义务兵役。赵显娥的哥哥赵源泰在

2005 年因涉嫌推倒一位老太太而被警方调查。他们的父亲赵亮镐在 2000 年因偷税漏税被定罪。”① 而赵显娥和她的兄弟姐妹还在争夺家族生意的执掌权，大韩航空因此要接受全面审查。

人一般都有仇富心理，类似的故事总能像病毒般扩散。这种极端情况虽属罕见，但更常见的是继承人依靠家族的收入而平静地过着奢侈的生活，却没有在家族企业中发挥积极的作用。然而，也有很多继承者非常努力地发展家族事业，一心一意专注于企业的发展。这就是亚洲很多家族企业在代际传承中得以发展壮大的原因。这些快速发展的企业反过来也为它们的国家创造了很多工作机会。

再来看看印度塔塔集团的例子。拉丹·塔塔于 1961 年加入塔塔公司，并迅速上升到高层管理职位。1991 年，杰汉吉尔·拉坦吉·达达博伊·塔塔（J. R. D. Tata）在卸任董事长职位时，任命拉丹·塔塔为继承人。这个决定曾一度遭到讥讽，人们认为年轻的拉丹·塔塔没有经验，并因他在其他运营业务上的失败而对其进行指责，因此，人们并不认为他有能力管理好这家快速发展的公司。

然而，令所有批评者感到惊讶的是，拉丹·塔塔将塔塔集团的规模扩张了 40 倍。到 2014 年，塔塔集团的年收入突破了 1 000亿美元大关。塔塔并没有回避他所处的全球化时代，而是

① 亚当·泰勒，《为什么“坚果门”在韩国饱受关注》，华盛顿邮报，2014 年 12 月 12 日。

乘势而上，接连收购泰特莱（Tetley Tea，英国饮料企业）和捷豹路虎（英国跨国汽车公司）。他颇具创新精神，并决心与公司休戚与共。他不仅努力进入西方市场，而且考虑到日益增长的印度中产阶级的需求（他努力推动价格低于3 000美元的节能汽车NANO 在印度销售）。他曾两次试图退休，而股东们都恳求他留下来继续执掌公司。

当有特权的后辈更多地像赵显娥，而不是拉丹·塔塔那样行事的时候，很多问题就会产生。不是通过努力获得高位，并且动辄滥用权力，赵显娥被视为企业中的纨绔子弟，在整个韩国也遭到鄙视。她与生俱来的权力和行为印证了世人对“富二代”的负面印象：有些人不需要努力就拥有一切，还不尊重别人。相比之下，拉丹·塔塔则广受赞赏。研究发现①，他是世界上最受人尊敬的 30 人之一。在刚接手塔塔的时候他遭到嘲笑，但在他证明其非比寻常的能力后，人们对他的看法也迅速改观。

像塔塔这样创建了大型企业的个人，也促进了国家的现代化发展。他们的继任者面临着如何在竞争日益激烈的市场中保持创新和开发市场的艰巨任务。很多新兴市场的企业拥有发展较为成熟的全球品牌，但当企业管理不善之时，将会面临如何确保家族所有权和管理权分离的挑战。如果没有正确地应对这一挑战，企业就不能在财富新贵手上发展壮大，创造更多的工作机会。如果他们不思进取，只会享受特权，特别是在其他人奋斗无望的时

① 例如，舆观（YouGov）的《2014 年全球最受人尊敬人物调查》。

候，这一特殊群体就会受到越来越多的质疑和谴责。

就当下而言，如本章所述，富有阶层比普通百姓的财富增加速度更快。这一现象主要发生在发达国家，暂时还不属于新兴市场面临的主要矛盾。虽然财富在新兴市场中同样有迅速集中之势，但普通人的收入也在迅速增长。相形之下，一方面发达国家富裕阶层的财富在不断增长，另一方面其他阶层的财富则始终停滞不前，二者形成了更加鲜明的对比。

新兴市场对富豪的崇拜

拉丹·塔塔并不是唯一得到普遍尊崇的富豪，很多富豪都登上了全球最受尊敬的人物榜。2014 年，世界首富比尔·盖茨是世界上最受尊敬的人，其次是贝拉克·奥巴马（第二名），然后是弗拉基米尔·普京（第三名）。[①] 人们虽然对应该支持怎样的政治领袖及其施行的政治体制存在分歧，但对于技术明星和商业巨头的崇尚是高度一致的。沃伦·巴菲特和香港的集装箱巨头李嘉诚的排名在里奥·梅西、安吉丽娜·朱莉和安格拉·默克尔之前，全球最受尊敬人物前 30 名中的其他富豪还包括奥普拉·温弗瑞和拉丹·塔塔。新兴市场国家和发达国家在最受尊敬的人物上有明显的分歧。相比发达国家，新兴市场国家的人们对财富成功和企业的创始人更加钦佩，比尔·盖茨在中国的受尊敬程度使他毫不费力地以 19% 的选票赢得了第一位。尽管盖茨在所有国

① 《全球最受尊敬人物比尔·盖茨》，舆观，2014 年 1 月 10 日。

家中都名列最受尊重的财富人物前10位，但仅在5个国家中排名前3位，这5个国家都属于新兴市场国家（中国、俄罗斯、巴基斯坦、尼日利亚和埃及），而在澳大利亚、法国、德国、英国或美国等发达国家，没有一个国家把他（或其他富豪）列为最受尊敬的前3位。

发达国家和新兴市场中的不平等问题

当被问及政府应如何应对贫富差距时，发达国家和新兴市场中的人们反应截然不同。新兴市场的受访者更倾向于经济发展和创造就业机会，而发达国家的受访者则倾向于财富的重新分配。美国皮尤研究中心就怎样才算减少贫富差距的最佳政策发起了一项调查：提高富人和企业的征税，为穷人提供资助项目；或者降低税收以鼓励投资和发展经济。在新兴市场，“降低税收以鼓励投资和发展经济”得到了更多的支持；而在发达国家，更多人支持“对富人征税”。一些新兴市场中的不平等问题已经显现，并且在社会上越来越受关注，但这些国家的民调显示，人们对于经济发展、价格上涨和就业的担忧远远超过了对不平等的担忧。①

这种差异大致反映了过去10年的环境变化。2006—2012年，新兴市场的财富增长速度要快于发达国家，其GDP的增速

① 《相比发达国家，新兴市场的民众对于未来经济的走势更加乐观》，皮尤研究中心，2014年10月9日。

甚至超过了财富的增速。相比之下，发达国家极端财富的增速超过了 GDP 增速的 3 倍（见图 9.1）。[①]

《21 世纪资本论》的作者托马斯·皮凯蒂在论述不平等问题时也表达了同样的观点。基于几个主要欧洲国家和美国的数据，皮凯蒂指出，近几十年来，资本回报率（r）大于经济增长率（g）。基于这种关系（r > g），他认为，在可预见的未来，食利阶层的收入增速将继续高于其他人的正常收入，这也将不可避免地加剧收入的分化。[②] 比较巨额财富和国家收入的增长，皮凯蒂的计算公式表明发达国家的财富阶层收入相关程度比新兴经济体更高。如果一个经济体中富豪群体的财富增长被视为衡量资本回报的广义衡量标准（如图 9.1 所示），那么它确实远高于发达国家的 GDP 增长率。尽管这一证据与发达国家的r > g 相一致，但并不能说明实质上存在 r > g 的情况，因为巨额财富的增长可能

---

① 巨额财富的增长是在 2006—2012 年至少拥有 5 位富豪的国家中进行的计算。涵盖的样本包括 10 个新兴经济体和 11 个发达国家。选择 2006 年作为基础年，是为了将中国和俄罗斯纳入分析过程；其结果与使用 1996 年作为基础年是相似的。选择 2012 年作为截止年，是因为样本国家 2013 年和 2014 年的 GDP 数据在计算分析时还没有发布。财富增长是指前 5 位富豪的财富增长。使用前 5 位富豪的财富增长，是因为无法获取后期成长为富豪的个人在 2006 年时的财富数据。即使使用两个时间截点的全部富豪的数据计算增长（这会大幅高估财富的增长幅度，因为新成长的富豪在开始时的财富都被记为 0），新兴经济体的财富增长和收入增长也基本一致，而发达国家财富增长的速度是收入增长的 3 倍。

② 皮凯蒂的 r > g 理论受到许多经济学家的质疑，他没有说明资本回报递减的情况，并且他的数据包含房地产业，该产业具有较大的价格波动。实际上，针对经济学家的调查发现，有 80% 的经济学家不同意其观点。（贾斯汀·沃尔弗斯，《经济学家们纷纷质疑托马斯·皮凯蒂的论断》，纽约时报，2014 年 10 月 14 日。）

来自其他因素，如技术和创新。而且，新兴市场的现实与 r > g 所反映出的情况并不一致，而是 GDP 的增长超过财富增长的速度。

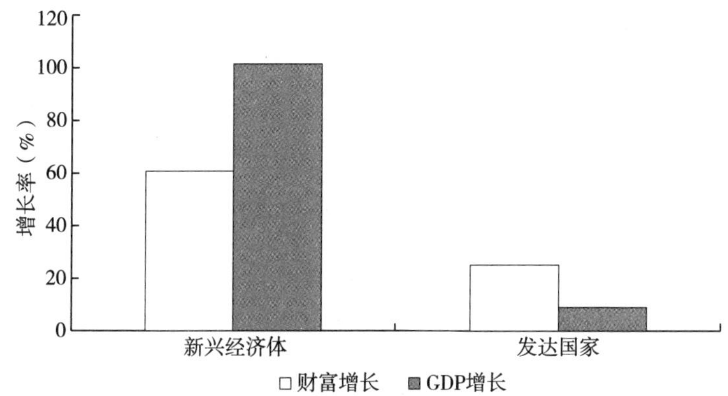

图 9.1 2006—2012 年，发达国家与新兴经济体中前 5 位首富的财富增长与 GDP 的增长

注：数据基于 2006—2012 年间至少 5 个经济体均衡样本中前 5 位首富的财富变化。样本包括 10 个新兴经济体（巴西、中国、中国香港、印度、以色列、墨西哥、马来西亚、俄罗斯、沙特阿拉伯和土耳其）和 11 个发达国家（澳大利亚、加拿大、法国、德国、意大利、日本、西班牙、瑞典、瑞士、英国和美国）。

资料来源：《福布斯》全球富豪榜数据，世界银行发布的《世界发展指数》。

超级明星理论认为，收入再分配为最有才华的群体带来了财富增长的可能（参考第一章）。在超级商业巨星的世界，全球化和新技术将超额回报聚集到能力最强的群体，而非能力普通的那部分人。结果就会导致一个国家的收入分配曲线变得更加倾斜。正如经济学家阿尔弗雷德·马歇尔（Alfred Marshall）所说：“从来没有出现过这样一个时代，一幅普通的油画几乎一文不值，而一幅上乘的油画则价值连城。”

然而，超级巨星的故事似乎并不适合发展中国家，那里的巨额财富在增长的同时，普通人群的收入并没有出现下降。相反，巨额财富和大型企业的出现更有可能成为结构性转型的动力，为本国的普通劳动者带来新的就业机会和更高的收入。大型企业和巨额财富的出现因而成为经济发展的一部分。

新兴市场国家和发达国家巨额财富的不同来源和经济影响，与对新兴市场国家绝大多数人口收入增长以及过去 20 年发达国家中产阶级空洞化的研究结果是一致的。在一定程度上，巨额财富和大型企业帮助发展中国家加快了现代化步伐，提高了大多数劳动者的收入水平，继而形成了经济发展的良性循环。

布兰科·米兰诺维奇毕其一生精力研究全球收入的不平等问题。他试图从多个视角全面评估不平等现象。他将全球所有人包含在计算公式中（在有数据的情况下），以此来估算每个人的实际收入。他发现，自 1990 年以来，发展中国家大多数人的收入增长强劲，因此，就全球而言，不平等程度明显在降低。

图 9. 2 描述了全球不同收入分类中的实际增长情况。1988—2008 年的 20 年间，世界上大部分人口（从第 10 分位到第 70 分位）都在变得更加富有。这一增长主要发生在亚洲国家，尤其是中国。70 分位之后的曲线凹陷反映了发达国家大多数人收入水平曲线的停滞状态。收入分配的这种变化与本书的主要发现之一是一致的：生产、全球化和财富的变化使发展中国家的大多数劳动者受益，而发达国家的劳动者却不一定。

图 9. 2 两端的变化表明，最贫穷的那部分人没有获得相应的

利益（最左边），而最富有的那部分人的收入则快速增长（最右边）。左侧的急剧下降主要是由于最贫穷国家缺乏收入的积累，所以增长速度自然比其他国家缓慢，结果愈发积贫积弱。对此有一种解释是，贫困不利于增长，这比不平等性所带来的任何潜在影响都更加恶劣。

瑟吉特·巴拉（Surjit Bhalla）也是最先强调贫穷国家经济高速增长会显著降低全球不平等性的学者之一，并驳斥当时盛行的分歧理念（贫穷国家增长慢于富裕国家）。一些国际组织官员一再对贫穷国家越来越穷而富裕国家越来越富的现象表示担忧，而巴拉则认为，这种观点属于典型的"政治正确性"偏见。

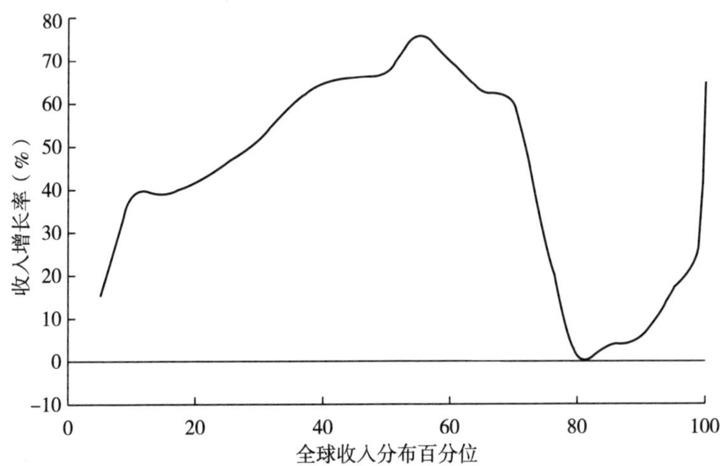

图 9.2　1988—2008 年，全球收入增长率曲线

资料来源：Lakner and Milanovic（2013）。

虽然现在人们已普遍认识到全球不平等性在降低，但对国内不平等性的担忧却在急剧上升，最富有的1%或0.1%的群体成为新的“恶魔”。官员们通常引用美国的统计数据，然后推演出这样的结论：不平等性的加剧是我们这个时代几乎所有国家面临的最严峻的经济问题之一。国际货币基金组织（IMF）负责人克里斯蒂娜·拉加德（Christine Lagarde）于2015年6月在布鲁塞尔关于《让小船扬帆起航》（Lifting the Small Boats）的讲话中阐述了这一趋势。尽管她的演讲题目着重维护穷人的利益，但其主旨却是针对超级富豪的关注。拉加德一开始便对2014年最顶尖的对冲基金经理13亿美元的收入表达了愤慨，继而讨论了美国和其他发达国家的财富流向最富有的1%群体并使其收入份额不断增长的现状。随后，她阐述了如下担忧：“像中国和印度这样的经济体，似乎完全适合关于经济发展的传统观点，即极端不平等现象是经济发展不可避免但可接受的代价。”①

然而，中国和印度的极端或日益扩大的不平等性是由超级富豪的收入增加引起的吗？很长时间以来，这些国家的收入很难得到增长。世界高收入数据库涵盖了中国1986—2003年的数据，尽管这一时期最富有的1%群体的份额（2.7%～5.9%）有所上升，但5.9%仍然是相对较低的数字，甚至低于斯堪的纳维亚半岛的数据。印度1985—1999年的数据显示，最富有的1%群体的收入份额从8.2%上升到9%。这0.8个百分点的增幅不是很

① 克里斯蒂娜·拉加德，《让小船扬帆起航》，在天主教大会上的演讲，2015年6月17日。

大，并且在误差范围内，而9%的份额将印度置于澳大利亚、意大利和日本等国之列。世界最高收入数据库样本中工业国家的平均数值约为10%。

相反，在盎格鲁国家，由顶端收益驱动的不平等性则更加明显：美国最富有的1%群体的收入增长占比超过17%，加拿大和英国为12%，这些都比1985年的8%高出很多。收入和财富日益集中于最富有的1%群体手中，这引起了大众的不满，纽约和伦敦的抗议者在“占领运动”中高呼“我们是百分之九十九”的口号。

图9.3描述了在美国收入分布中，最富有的1%、0.1%和0.01%群体的收入份额，以及美国富豪的财富占GDP的比例。所有这4个指标都有所上升，这表明收入和财富都越来越集中于美国的顶级富豪手中，而其他人则并没有在经济增长中获得应有的收益。最富有的1%群体生活水平大幅提高，而其他大多数人却停滞不前，这将众人关注的焦点从低收入的穷人转向了极少数的超级富豪。然而，在其他国家，最需要全世界关注的依然是穷人。

收入不平等的加剧是富裕的盎格鲁国家关注的问题。然而，就整个世界而言，由于某些贫穷国家的经济得到了快速发展，所以收入不平等现象已有明显改善。中国对发展中国家的脱贫和巨额财富的增长贡献最大。20世纪90年代初至2013年，在减少日均生活花费低于1.25美元的贫困人口方面，中国贡献了三分之二的成绩；如果以日均生活花费低于2美元为计，则中国几乎

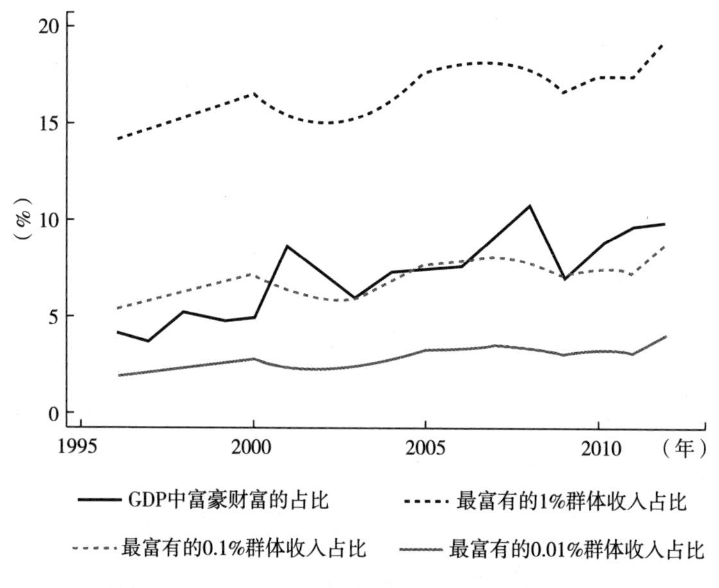

图 9.3　1996—2012 年美国最富有群体的收入占比

资料来源：《福布斯》全球富豪榜数据，世界银行的《世界发展指数》，世界高收入数据库。

贡献了全部的脱贫成绩。[①] 同时，中国富豪也占新兴市场富豪总数的四分之一以上。这两种现象代表了现代化发展的双重作用。在跨国数据和时间序列数据中，脱贫和富豪的产生密切相关，这并不出乎人们的意料，因为两者都与国民收入和贸易增长有关，特别是在结构性转型期间。除了盎格鲁国家之外，应对不平等性不断加剧的现象，最好的方式是把重心更多地放在脱贫攻坚上，缩小贫富差距，而不是仅仅质疑超级富豪的崛起。

① 因为不是每年都有贫困人口统计，所以 1990—1996 年的数据为平均数值，2007—2013 年的数据为平均数值，从而为 89 个国家在这两个期间的数据赋值。

收入不平等与财富不平等

收入不平等和财富不平等尽管相关，但并不相同。财富在底层收入水平的群体中非常稀少，而在顶层群体中大量积累，所以财富曲线往往比收入曲线更陡峭。[①] 收入最低的人群往往也是财富存量最少的人群，反之则不然：最富有的群体收入水平并不是最高的。

相比收入不平等，财富的差距更难计算，因为不同国家的财富不平等数据很难获取。卢森堡财富调查（LWS）提供了少数几个国家的数据，其中只有个别国家能计算出最富有的1%群体所拥有的财富份额。根据LWS的数据，经济合作与发展组织研究计算出了1998—2002年间7个国家中最富有的1%群体的财富比例。结果表明，财富集中程度与富豪密度高度相关（相关系数为0.89）（见图9.4）。因此，富豪密度可能比较合理地代表了各国财富不平等的水平。

巨额财富和不平等性

从不同国家或不同时间段来看，巨额财富和收入不平等并没有很强的相关性。通过收集不同国家在不同时间点上的相关数据，图9.5显示了LWS数据衡量的福布斯不平等程度（富豪密度）与世界高收入数据库中最富有的1%群体收入份额之间的关系，结果显示富豪密度和收入不平等指标相关性较低（相关性

① 在一定收入水平的门槛下，大部分收入都会花在日常消费上，所以财富的积累往往接近于零。比如在美国，收入水平最低的40%群体仅拥有0.2%的财富。

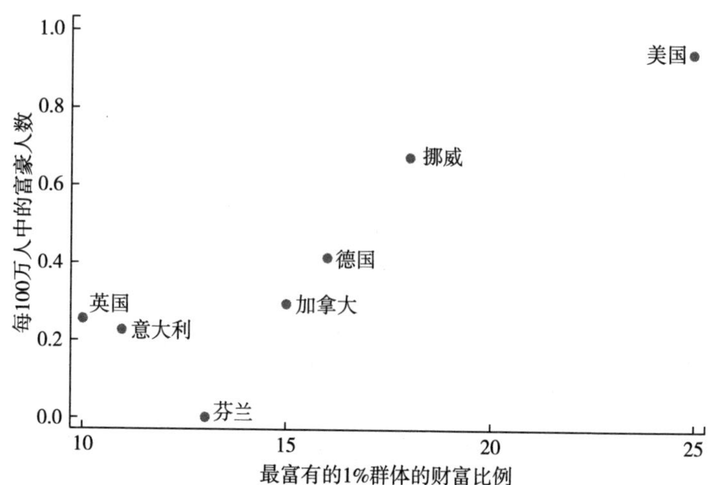

图 9.4　1998—2002 年，不同国家富豪密度与最富有的 1%群体所拥有的财富比例之间的相关性

资料来源：《福布斯》全球富豪榜数据，卢森堡财富调查。

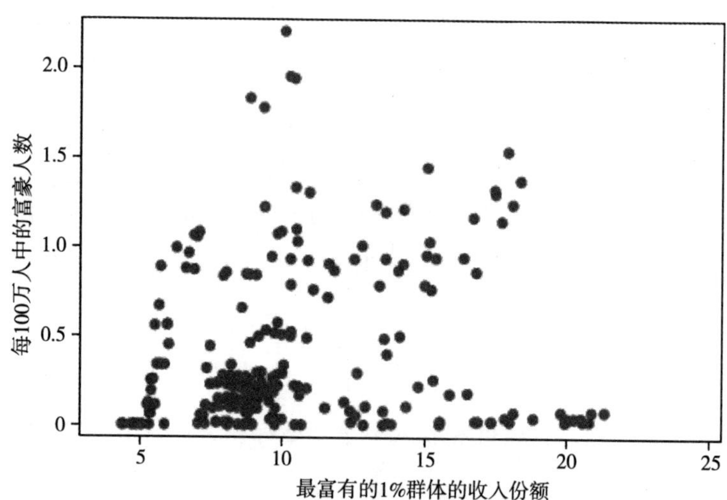

图 9.5　1996—2014 年，不同国家富豪密度与最富有的 1%群体收入份额之间的相关性

资料来源：《福布斯》全球富豪榜数据，世界高收入数据库。

在 0.10 以下，统计上没有显著性）。就现有的 7 个观测数据来看，世界高收入数据与 LWS 数据在统计学上没有显著的相关性，说明财富的高度集中与最富有的 1% 群体的高收入份额的相关性并不高。

即使观察不同的国家，这两个指标的相关性也较低，甚至有可能出现数据变动方向一致的趋势：在富豪密度不断增加的国家，最富有的 1% 群体收入份额可能会上升。图 9.6 显示了这两个指标逐年变化的关系，其相关性接近于零：富豪人数迅速增加，但并没有出现与之相关的最富有的 1% 群体收入份额的增加。

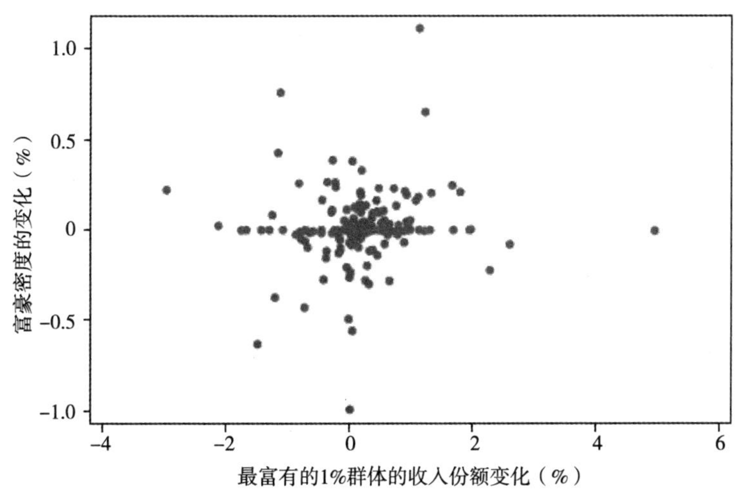

图 9.6　1996—2014 年，不同国家富豪密度变化与最富有的 1% 群体的收入份额变化之间的相关性

资料来源：《福布斯》全球富豪榜数据，世界高收入数据库。

2015年，沃伊切赫·科普刻朱克从各种来源收集了较长期的数据，据他分析，即使是在财富不平等和收入不平等数据可以准确衡量的美国，最近几十年来，这两项数据也没有发生关联性的变动。他采用调查数据、房产税以及税后的资本收入等三项数据来评估最富有的1%群体的财富份额。其中，只有资本收入测量显示出类似于最富有的1%群体的收入增长，另外两项数据系列都比较平稳。对这种差异的一个解释是，近几十年来，劳动收入占美国最富有阶层收入增长的很大一部分。因此，与皮凯蒂关注的资本收益相反，收入不平等主要源于薪水/工资收入的差异。只有当资本收入对顶端收入分配的变化起很大作用的时候，收入和财富才会同步变动，但这种现象并不适用于目前的情况。

超级富豪与广泛存在的不平等性

全球贫困人口正在迅速减少，以中国为代表的新兴市场国家涌现出大量的财富新贵，这引发了一系列的讨论：一个国家中财富新贵的大量兴起是否会导致收入不平等的加剧？如果超级富豪获得的寻租收益是通过盘剥广大劳动人民的收入而得到的，那么其财富的积累将加剧不平等的程度；反之，如果超级富豪促进了整体经济的发展，且创造了更多的就业机会，那么，他们的崛起将会降低不平等水平。

图9.7是不平等水平的散点图，使用最常见的基尼系数和《福布斯》基于富豪密度计算出的不平等程度。基尼系数衡量的是一个国家的实际收入分配与完全平等分配之间的距离。基尼系

数为0，意味着完全平等，即每个人都有相等的财富或收入；基尼系数为100，意味着完全不平等，即一个人拥有所有的财富或收入。如果富豪和不平等现象是密切相关的，那么富豪密度越大的国家，不平等现象就会越严重。图9.7中的数据并没有揭示出这种关系，富豪密度与基尼系数的相关关系为负值，且具有统计显著特性。也就是说，拥有越多富豪的国家，收入分配会越平等，而不是越不平等。

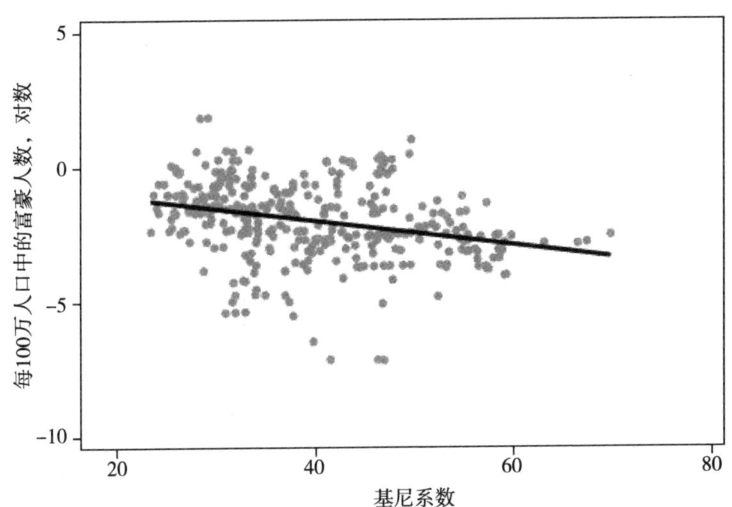

图9.7　1996—2012年，各国富豪密度与收入不平等之间的相关性

资料来源：《福布斯》富豪榜数据，基尼系数。

“阿拉伯之春”

乍看起来，“阿拉伯之春”似乎是诋斥对新兴市场中巨额财富的乐观看法。抗议者聚集在公共广场上高喊“面包、自由和社会正义”。对许多人来说，对新贵阶层的仇恨是“革命”的催化剂，这些示威行动就是证据。[①]《纽约时报》的一篇文章将2011年伦敦暴乱与“阿拉伯之春”做了比较，并将收入不平等作为共同的主题，指出“贫困与不平等催生了埃及冬天的这次革命”。[②]《外交政策》关于革命动因的一篇文章认为：“收入不平等已经达到了埃及近代史中前所未有的水平。”[③]

事实上，埃及和突尼斯的收入和财富不平等水平在新兴市场中处于最低水平（见图9.8）。[④] 两个国家中，人们主要关心的是经济增长、就业机会和社会流动性，而不是不平等的问题。他们的担忧是非常现实的，因为两个国家的失业率都在两位数以上，居世界最高水平。

一定程度上，“革命”是为了改变不平等的现象，但主要的诉求点是机会的不平等，以及政法体系和体制进入机会的不平等。这些问题与美国民众对私营企业精英阶层高额的工资收入和奖金的反感截然不同。埃及和突尼斯的失业人口并不是在排队等待私营企业的工作，而是希望得到保障终身就业安全的政府岗

---

① 《埃及的恐惧》，金融时报（Lex评论），2011年2月1日。

② 大卫·柯克帕特里和赫巴·阿弗非，《在埃及人眼中，英国的暴乱看起来既陌生又熟悉》，纽约时报，2011年8月13日。

③ 亚西尔·埃尔·施弥，《埃及对自由的追求》，外交政策，2011年1月28日。

④ 世界银行的一项研究探讨了埃及的不平等现象，试图理解为什么对于不平等的认知和实际情况会不同。研究人员重新梳理了所有的证据，以确认数据是否有潜在的问题。他们最终确认埃及的不平等程度较低，并且没有证据表明收入不平等的情况在“革命”前会加剧。关于财富的数据很难找到，但使用1950—1979年的土地所有数据，他们发现随着时间的推移，分配变得更加平等，某些证据表明20世纪70年代出现了逆转。

位。和该地区的其他国家一样，这两个国家的政府历来将公务员就业作为社会保障系统的一部分，大多数公民都有至少一位亲戚在政府工作。除了富裕的石油出口国之外，随着时间的推移，这种做法将在财政上难以为继，政府没有能力吸纳新的劳动力，于是这便成为社会不安定革命爆发的动因。阿拉伯世界所面临的阵痛主要集中在政府失败的经济政策和政治压制方面，而不是最富有的1%群体积累的财富。

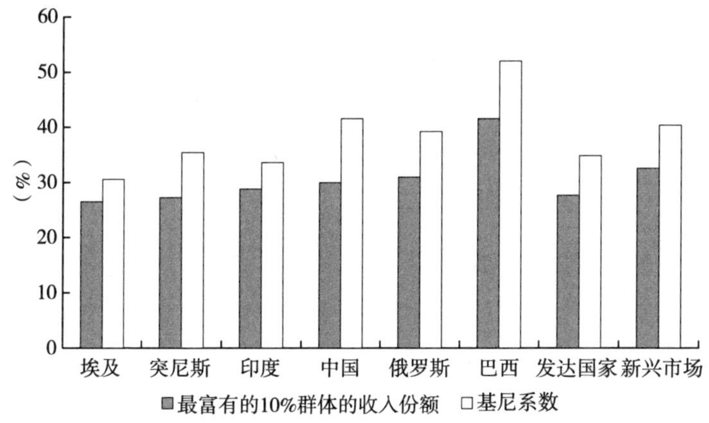

图9.8　2000年，部分新兴市场国家的不平等水平

资料来源：世界银行发布的《世界发展指数》。

中东和北非地区缺失的关键因素是活跃的企业家群体。这是唯一的企业家群体在萎缩、继承类富豪在增长的新兴市场地区。与世界其他地区相比，虽然不平等程度较低，但埃及和突尼斯等国家的人们却更明显地感受到了机会的缺乏，因为私营企业的发展停滞不前，收入增长疲软。从统计意义上来看，寻租者把持上层社会的国家并不总是世界最不平等的国家，因为寻租者通常积累不到全球创新者那么多的财富。

财富在富豪间的集中度

发达国家和发展中国家富豪的财富是如何随着时间的推移而变化的？是否变得更加集中？最富有的群体是否拥有了更大的财富份额？

集中分析最富有的20%这一群体所占据的财富份额对研究颇为有益，“二八法则”认为80%的结果归因于20%的原因。它适用于许多现象：80%的销售额通常来自20%的客户，80%的收益来自20%的股票。经济学家帕累托（Pareto）提出了这一法则，在他的家乡意大利，20%的人口占有80%的土地。帕累托分布是用于描述经济学、统计学、商业，以及数学和物理学中许多现象的倾斜概率分布。

不过，并非所有帕累托效应（又叫二八法则）都会产生准确的二八分布。例如，在大多数国家最优秀的20%出口商（来自世界银行，出口商动态数据库）平均产生90%以上的出口量，这表明出口大多集中在大型企业中，因此，最优秀的20%部分是分析集中度的一个重要指标。

利用《福布斯》富豪榜数据计算一个国家（包括所有拥有至少5位富豪的国家）最富有的20%的富豪的财富份额，这为世界各地财富的日益集中提供了强有力的证据。即便如此，数据显示，发达国家的集中度仍然更强。

1996年，无论是在发达国家还是在发展中国家，最富有的

20%的富豪拥有约40%的巨额财富（见表9.1）。到2014年，发达国家最富有的20%的富豪拥有57%的巨额财富，发展中国家的这一份额为51%。在美国，最富有的20%的富豪拥有61%的巨额财富。如果这一趋势适用于所有财富的分布，包括低于富豪门槛的所有财富，那么发达国家的财富在很大程度上集中在顶端的一小部分人手中，富豪在全部财富中占有的份额越来越大。

表9.1　1996—2014年，发达国家和发展中国家最富有的20%的富豪的财富份额（%）

年份	总体	发达国家	发展中国家
1996	40	41	40
2000	45	47	36
2005	50	50	47
2010	50	51	49
2014	55	57	51

资料来源：根据《福布斯》全球富豪榜数据进行计算。

不仅有越来越多的富豪，而且富豪们也越来越富有。图9.9显示了发达国家和发展中国家中，富豪个人财富对总体财富增长的贡献。[①] 财富的广义边际（富豪数量的增加）解释了发达国家和发展中国家富豪财富扩张所占据的大部分份额。然而，相比发展中国家，集约边际（平均每个富豪财富的增长）更多解释了

① 2016年，弗罗因德和奥利弗对方法进行了详细的描述。

发达国家的财富增长：发达国家的财富增长有12%是由于富豪更富有所致，而新兴市场中这一比例仅为6%。① 随着时间的推移，发达国家的富豪将变得更加富有，这一趋势是显而易见的。

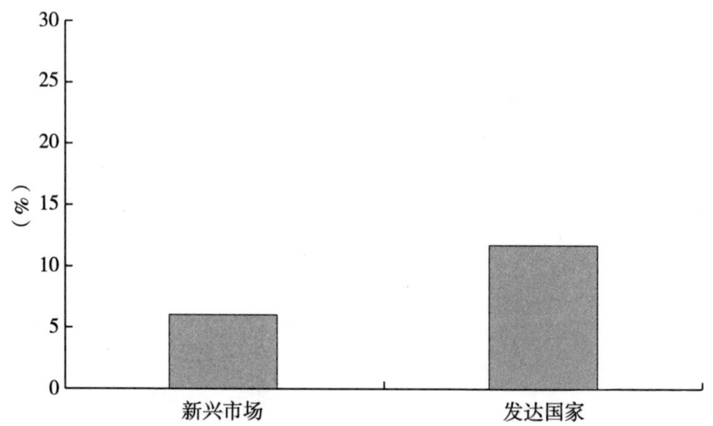

图9.9　1996年和2001—2014年，发达国家和新兴市场中，集约边际对富豪总财富净值的年均增长贡献

注：集约边际是通过富豪个人实际净资产的增加来解释总财富增长的比例。

资料来源：根据《福布斯》全球富豪榜数据进行计算。

本章小结

奥巴马总统称收入不平等是“我们这个时代所面临的挑

① 如果只包括以1996年美元计算的富豪，那么集约边际更大，但发达国家和新兴市场有所不同。如果使用这一界定，那么发达国家的集约边际为20%，而发展中国家为14%。

战”，并将其作为他在总统第二任期内的执政重点。经济合作与发展组织的一份报告警示：不平等的加剧将成为“所有国家面临的主要政策挑战”。即使以稳定金融为宗旨的国际货币基金组织也很关注收入不平等问题，强调其对经济增长的不利影响。华尔街紧随其后，标准普尔和摩根士丹利发布报告，表达了对不平等问题的担忧。乐施会甚至呼吁在2025年前消灭财富不平等，并将其降低到20世纪90年代的水平。

将降低巨额收入和财富的不平等性共同作为优先目标，是存在一定问题的，原因有几点。

首先，许多政策制定者将财富不平等和收入不平等混为一谈，但两者是不同的。关于不同群体的财富分布的数据是有限的，在数据可查的国家中，无论是从区域还是从不同时间段来看，很少有证据表明财富与收入不平等之间密切相关。瑞典的收入不平等水平较低，但财富不平等水平较高；英国的收入不平等水平较高，但财富不平等水平较低。富豪密度与最富有的1%群体的收入份额之间没有相关性。在美国，通过详细计算可以发现，收入不平等在加剧，但财富不平等水平并没有呈现类似的趋势。政策制定者在讨论不平等问题时应该更加深入而具体，首先应该对不平等的现象分门别类，然后再考虑采取怎样的措施加以修正。

其次，尽管许多国家的巨额财富增长迅速，财富也越来越多地集中于最富有的那一小部分人手中，但是其他群体收入停滞不前的情况主要出现在发达国家（尤其是盎格鲁国家）。相形之下，在新兴经济体中，整体收入的增长速度超过了巨额财富的增长速度。这种差异或许可以解释为什么富裕国家的人们对于公平分配的呼声更高，而发展中国家的人们则更关心经济发展和就业问题。因此，新兴市场的首要任务在于减少贫困和增加就业机会，而不是解决最富有的1%群体的财富增长的问题。

最后，对收入不平等和财富不平等的关注，尤其是将最富有的1%群体所占的财富份额作为全球关注的焦点，反映了美国等盎格鲁国家的偏见。发展中国家的增长速度高于工业化国家，这使得全球不平等程度有所下降。这个结果是非常重大的消息，值得庆祝，应该与盎格鲁国家中对不平等问题的担忧一样广为人知。即使在发达国家，也有证据表明，最富有的1%群体越来越富有的问题仅发生在少数几个国家。在世界大部分地区，政策关注点应放在另一端：提高底层穷人的收入。

巨额财富的增长在一定程度上与新兴市场跨国企业的崛起相辅相成，这是新兴市场经济健康发展的一个重要标志。如前几章所述，巨额财富和经济发展是相互关联的。在进行结构性转型的国家，越来越多的企业创始人开始涌现，这是一个积极的信号。大型企业将人们从农业转移到现代化生产中，财富也迅速聚集在这些大型企业的创始人手中。

在新兴市场中，当财富增长主要发生在寻租阶层和仅服务于国内的行业中时，就会出现问题。即使这种情况发生了，最富有群体的财富增长速度也不会很快。而现实情况是，大多数快速发展的新兴市场中，企业创始人的发展最为迅速。

发达国家则有所不同，巨额财富的增长很可能与服务业和技术创新相关联，因此，对普通劳动者就业机会的影响存在不确定性。在发达国家也出现了巨额财富的增长快于整体收入增长的情况，发达国家的财富日益集中，这也可以解释为什么这些国家会对超级富豪有更多的质疑。

第十章
促进创新和平等的政策建议

在发展中国家，政府应该给予大型企业怎样的支持？包括世界银行在内的国际发展机构都在督促政府聚焦于产权保护，确保企业自由进入和退出市场，加大对外开放并积极吸引外商投资。这些政策对创造一个良性的营商环境非常重要。但发展中国家改革进展缓慢、融资渠道有限、充满不确定性，政府如何才能更好地促进改革、鼓励大型企业的发展？

首先，本章将从高效配置资源的基础机制开始讨论：产权、降低门槛、对外贸易与外商投资。其次，本章会讨论促进创业精神以实现现代化的可能性。聚焦企业层面的研究证明，成功的政策在于促进大型企业的发展并鼓励其融入全球竞争。最后，本章还会讨论减少非生产性财富的方法。

创建有利于发展的营商环境

如果商品贸易得到鼓励，资源就会流向效率最高的领域。1990 年，威廉·鲍莫尔（William Baumol）强调为激励生产性活动而构建规则的重要性。根据其描述，在古罗马时期，高效的企业没有得到很好的激励，致使新技术得不到传播。如水磨早在公元前 1 世纪就被发明出来，但除了偶尔研磨谷物，很少被使用。在中国宋代，皇帝拥有所有的财产，那些深谙儒家思想和书法的人获得了更多的财富和更高的名望。印刷术、指南针、水车和火药也诞生于这一时期，但产权的缺失阻碍了基于这些关键发明的产业发展。相反，中世纪和 18 世纪工业革命时期，企业家精神备受激励，这两个时期的创新都得到了广泛的传播。根据这些历史经验教训，鲍莫尔认为：当规则能够激发企业家精神的时候，商业就会兴盛；反之，即使再伟大的发明也无法得到有效的传播和运用。

1991 年，凯文·墨菲、安德鲁·施莱弗和罗伯特·维什尼创建的理论模型识别出了三大要素，即产权、企业进入门槛和贸易的开放，能使企业家精神更具活力，而不是寻租或其他对社会价值更低的选择。产权可以让人们在创业的时候不用担心企业会被罚没。[①] 企业的自由进入与退出，可以使有能力的个人得以创立企业并推动其快速发展。自由贸易为产品带来了巨大的市场，

① 产权对于促进企业家精神和商业发展的重要性已众所周知，这里只是简要概括。

确保了价格激励的正确性，并引导资源流向效率最高的地方。企业的流转和贸易为企业家提供了可以开展自由竞争的市场环境。在创业兴盛和贸易发展迅速的发展中国家，这些因素的确得到了印证。

降低准入门槛

赫尔南多·德·索托（Hernando de Soto）论述了秘鲁企业运营规范的繁杂程度。1983 年，他的研究团队尝试在利马创办一家服装工厂。历时 289 天，在满足 11 项要求并支付了月平均工资 31 倍的直接成本后，工厂才得以成功创建。1989 年，德·索托将秘鲁非正式企业的兴盛归因于过度监管。商业活动之所以停留在小规模和非正式的形态，主要是因为大型企业的运营成本太高，加之缺乏融资渠道，导致市场处于非自由竞争状态。高昂的监管成本在一定程度上解释了为什么新兴市场需要这么长的时间才有可能培育出具有全球竞争力的大型企业。

基于德·索托的研究，世界银行开展了营商环境评估项目。透过项目提供的各项指标，我们可以对不同国家的商业监管水平进行比较。第一个指标是企业进入的难易程度，反映的是注册一家正规企业需要多长的时间。相关研究表明，一个国家的企业准入门槛越低，其腐败现象越少，国家也更富有。

较低的企业准入门槛为效率较高的企业提供了保障。精简的监管体系也有助于遏制政府的官僚主义和中间人的寻租行为。当监管规则繁杂，企业需要为复杂的材料和证明而奔波时，就会寻求贿赂政府官员来疏通流程，深谙业务的中间人就会比较活跃。

虽然近些年的情况有所改善，但巴西还是以过度监管而闻名。2005 年，《营商环境报告》① 中的指标显示，在巴西创办一家企业需要 152 天，时长是中国和俄罗斯的 3 倍、印度的 2 倍。巴西的民众使用“despachante”（海关代理或调度员）来描述当监管过度复杂时活跃起来的中间人群体。他们的重要性在约翰·格里森姆（John Grisham）1999 年的小说《遗嘱》中被揭示得淋漓尽致：

巴西人生活中不可或缺的部分是“despachante”。如果没有“despachante”，就没有任何一家企业、银行、律所、医疗集团或者有钱人能够运营其业务。他是杰出的协调员。在一个官僚主义蔓延和守旧的国家，“despachante”就是那些熟悉政府官员、法院、官僚机构和海关的人。他熟悉这个系统，知道如何利用它。在巴西不需要材料或文件，不需要排长队，“despachante”总是等在那里为你服务。如果你工作很忙，用一点点费用，他就可以排队 8 个小时为你更新车检，并贴在挡风玻璃上。他也可以代你投票、办理银行业务、打包、邮寄等。他能做的事情可以没有穷尽地列下去。

过度监管导致的延误为企业带来了额外的成本，并会将资源导向没有价值的行为，比如“despachantes”所做的事情。

① 从 2003 年开始，世界银行每年发布一次《营商环境报告》，通过收集和监测主要国家最大城市商业相关的各项法规、条例和执行情况，旨在衡量中小企业生命周期中可能遇到的问题能够被多有效率的解决。

自2005年以来，巴西的营商环境已有所改善，注册一家企业所需的天数减少了近一半。电子化的一站式服务正在取代企业注册和海关的复杂流程。新技术的巨大优势是令腐败无处可藏。在企业准入方面，摆脱过度的官僚主义对发展非常重要，因为这可以促进企业的发展和扩张，并鼓励人才流向效率更高的地方。

对外开放

只有在产品市场容量足够大时，企业才能做大做强。小国需要通过对外贸易进入更广阔的市场。对于企业的发展而言，出口能使其不受本国市场规模的限制，对外开放可以使企业获得生产所需的原材料。

对外开放除了可以带来更大的市场，还可以确保价格产生正确的激励，驱动企业生产出最具竞争力的产品。当关税高企时，生产与进口部门的竞争产品比出口更加有利可图，即使生产这类产品并非国家资源的最优配置。日本对进口施加近800%的关税，这是对其最无竞争优势的产品进行直接保护的极端案例。

关于经济发展方面的文献揭示了同时降低企业准入门槛和加大对外开放的优惠条件。经济学家考察了哪些国家会从更加开放的贸易中受益，发现在更加自由的经济体中，贸易会提高人们的生活水平，但在封闭的经济体中却不能实现。经验证明，自由贸易会使价格释放出正确的信号，改善最优质企业的发展环境，而企业较低的进入和退出门槛对资源再分配的实现非常重要。如果企业准入限制较多，那么伟大的企业可能根本无法创立。相关分析显示，商业监管，尤其是企业准入门槛对于自由贸易政策的补充作用，要比金融业的发展、教育水平或法治程度更加重要。如果保持人均收入的标准决定因素不变，在企业准入门槛较低的经济体中，贸易每增加1%，就将带来超过0.5%的人均收入增长，但在僵化的经济体中却没有这种影响。这一研究结论与企业层面的研究相一致，自由贸易的好处体现在将资源配置到效率最高的企业。如果没有新创企业，大企业得不到发展，那么贸易所带来的好处也就无法实现。

适当低估汇率

作为全球竞争力的关键决定因素，汇率是对贸易开放政策的重要补充。它衡量了在同种货币计量下，一篮子商品的国内价格与国外价格的比率。[①] 防止币值被高估是非常重要的，因为这会把资源引向非贸易行业，并削弱贸易行业的竞争力：进口产品会比国内生产的产品更受欢迎，出口国外的成本会更高。非贸易产品在竞争力更弱的市场中生产，将对经济发展产生不利影响，同时也会导致效率最高的企业不能通过进入国际市场而获得更好的发展。越来越多的证据表明，适当低估汇率有利于整体经济的发展，因为这将更有利于资源流向贸易类行业。

从外商直接投资中获益

引入外商直接投资，是将资源引向最有效率的领域，这是使

---

① 例如，经济学家的巨无霸指数（Big Mac index）是测量巨无霸在不同国家的相对价格。在发展阶段相似的国家中，当指数出现很大差异时，显示汉堡更贵的国家的币值很有可能被高估。

企业快速发展成为大型企业的另一条途径。新加坡有效地运用了这种策略，第四章中已对此有所论述。外商企业投资新加坡，是看中了其更廉价的劳动力，更好的营商环境，以及随着其制造业的发展而不断壮大的物流行业。新加坡一直是外商直接投资的集中地，同时也借此培育了自己的跨国企业。中国的发展也受益于大量的中外合资企业，在提高生产效率的同时，也展示了中国的外贸潜力，印证了全球供应链在国家发展中的重要性。

吸引最大的跨国企业能产生重要的聚合效应。发展中国家的很多大型出口商都是外资跨国企业。多年来，哥斯达黎加最大的出口商是英特尔。[①] 越南最大的出口商是三星。这些大型企业引入了进口原料和本土物流，而这也进一步改善了当地的营商环境。一家大型跨国企业的成功会对其他大型跨国企业构成吸引力，从而进一步提高国际资源的配置效率。例如，英特尔投资哥斯达黎加后，印孚瑟斯和惠普也进入了当地市场。如德州仪器、摩托罗拉和惠普等大型投资者帮助印度的班加罗尔实现令人瞩目的发展，随后，该地区也成功诞生了本土的高新技术企业，如印孚瑟斯和威普罗。

越来越多的研究显示，外商直接投资对于国内企业的发展具有积极的影响。虽然尚无数据证明其对同行业企业的溢出效应，但有证据表明其对当地的上游产业有较强的正面影响。由于需要高质量的原料输入，所以外资企业会帮助其供应商提高产品品质

① 英特尔在 2014 年关闭了其在哥斯达黎加的工厂，转移到马来西亚进行生产。

量。同时，外资企业还会为当地企业带来从事对外贸易的经验。外企经理人深谙全球市场的运营规律，因而可能会开创自己的企业，而外资企业的成功会让当地企业看到对外贸易的价值。比如在墨西哥，与跨国企业之间的紧密联系提高了当地企业开展出口业务的可能性。

自由竞争的市场环境是确保外商直接投资、促进经济发展的关键。如果市场壁垒能使外商从中受益，他们就会努力维护并巩固这些障碍，从而阻碍竞争机制的发展。相反，如果在一个自由竞争的市场环境中，那么外资企业需要因地制宜，更有效率地利用当地资源。2011 年，西奥多·莫兰（Theodore Moran）发现，投资目标的市场竞争水平的高低是决定外商直接投资积极作用大小的最重要因素。

促进大型企业发展的产业政策

良好的营商环境对于商业的繁荣发展不可或缺，但这还不够，尤其是对于需要大量融资的大型企业而言。美国大型钢铁企业的发展有赖于政府的补贴；日本大型汽车制造企业多由家族控制，并通过政府批准的家族银行进行大额融资来发展壮大。

近些年，在发展最快的工业化国家中，韩国政府在促进创业和大型企业发展方面都下了大力气。20 世纪六七十年代，随着国家特殊优惠税收政策和低息贷款的推出，韩国财团控制的企业开始崛起。时任韩国总统朴正熙的出口促进政策推动了包括三星、LG 和现代等企业在内的韩国企业发展成为大型跨国企业。

1962年，朴正熙说："发展大型企业是必要的，它们不仅将对我们国家经济的发展和生活水平的提升起到决定性的作用，还会推动社会和经济结构的进一步转型。"毫无疑问，这些大型企业促进了韩国的发展，如今，仅三星一家企业，就对韩国GDP贡献了约20%。

工业化和出口导向政策推动了韩国和其他"亚洲四小龙"的经济腾飞，拉丁美洲国家也在近几十年实施了出口促进政策，其政策措施更多是针对数量众多的小型企业的税收激励和低息贷款。为了促进非传统商品的出口，多米尼加共和国推出了每份不超过50万美元的政府补贴贷款，哥斯达黎加共和国推出了税收减免措施。这些政策取得了相当的成就，但并没有使大型企业得以产生并发展壮大，也没有促进当地经济的转型升级。为什么出口导向的工业化政策在日本、韩国和中国台湾取得了成功，但在其他地区却没有呢？

韩国实施的发展规划有三个重要的特点：出口导向，激励大型企业之间的相互竞争从而创造更高的收益，如果企业表现不佳则取消相关倾斜政策。在规模较小的国内市场容易出现寡头垄断，不能为国内企业的发展提供充足的空间；而国际市场则能为企业的快速发展提供足够大的需求，并能更准确地衡量企业的成长能力。

然而，只有出口导向型的政策是不够的，私营企业必须在足够大的规模上参与竞争和运营，才能更好地推动本国经济的发展。韩国的经济发展政策不只停留在产业层面，还应深入到企业层面。全球国际化的政策导向促使企业积极投入国际竞争以获取市场优势，在全球市场实现优胜劣汰。

产业政策（政府利用其经济政策激励特定产业的发展）背后的经济逻辑是，在确保一定社会收益的前提下，政府通过对市场扭曲进行矫正，保障投资规模达到最优水平。当企业融资能力有限时，巨额的初始投资和早期投资损失也许会影响民间投资的积极性，因为其他企业可以通过早期投资人的收益情况了解到产品的市场需求，从而降低其自身的起步成本，使先行者的长期收益受损。生产效率的提升还可能源于学习的外部性，例如，生产型企业可以从生产技术的创新中受益，以减少长期的资源浪费，但这只有在实际投资发生后才可能实现。考虑到物流或上游产业的关联性，一些大型企业需要活跃于某个地区或产业，以实现生产和出口的盈利。在上述任何一种情形下，相关产业的崛起都需要政府的激励政策来推动。

经济学家始终认为，理论上产业政策可以矫正市场的扭曲，但由于下述方面顾虑，很多人都怀疑产业政策的可行性：（1）政府并不擅长“发现真正的赢家”；（2）恰当的干预手段（税收或补贴等）依赖于市场结构和市场扭曲的本质，而产业间的差异使识别工作困难重重；（3）政策实施过程中极易滋生腐败，因为决定哪些企业从中获益可能是出于政治的考虑。资源很可能会流向与政府关系最密切的行业或企业，而不是生产效率最高的地方，由此而生的掮客群体和政府官员的中饱私囊同样会损害纳税人的利益。因此，对市场扭曲的矫正可能会使问题雪上加霜。

俄罗斯政府在推动私营企业发展方面的尝试就突显了这些隐患。2009 年，时任俄罗斯总统梅德韦杰夫（Medvedev）计划将斯科尔科沃创新中心打造成为俄罗斯的“硅谷”。政府耗资超过 20 亿美元打造的国内高科技中心就坐落在俄罗斯超级富豪聚集地的附近，以期获得更多私营企业的支持。到目前为止，该中心确实带来了某种高额回报，虽然和计划的完全不同。创新中心的领导层因挪用公款罪于 2013 年 4 月被捕，其后不久，普京总统推翻了此前为投资者提供的税收优惠等政策,[①] 最终，没有任何一个大型投资项目顺利落地。政府监管和采购的不透明，导致激励措施的收益最终流向了寻租群体，而效率较高的企业始终得不到政策倾斜而难以发展。相比之下，基于竞争获得融资、按照统一标准进行评价的韩国模式则显得尤为可贵。

相比产业政策，更应注重对企业的支持

很多激励政策，尤其是那些失败的案例，都因仅聚焦在产业层面（通常是促进进口部门的发展，而非出口导向型政策）而效果不理想。鉴于大型企业的重要性，企业的支持政策可能会带来比行业支持政策更加深远的影响。无须政府去甄别，国际市场竞争即可确保政府的资金流向优质的企业，同时减少腐败发生的概率。

就培育全球化企业和开创新兴产业而言，成功的产业政策应当具备三个重要特征。第一，鼓励出口导向型产业的投资。第

---

① 亚历克·卢恩,《不仅仅是石油与寡头垄断》，Slate 杂志，2013 年 12 月 9 日。

二，避免资源分散，将投资集中于少数几家优质的私营企业，而这些企业通常在出口绩效上有出色的表现。第三，政府必须具备保障公平竞争环境的能力。不透明的体制往往会阻碍自由竞争的实现，为避免此种情形，国家应当采用可计量的产出标准（如出口目标、生产增长），而不仅是将投入指标（如研发成本或员工成本）作为评价标准。20 世纪 60 年代和 70 年代，韩国使用港口提单量来评价企业的出口水平，因为这些材料很难被伪造。

在拉丁美洲，国家激励政策在巴西取得了成功。1969 年，巴西政府成立了飞机制造企业巴西航空工业公司（Embraer）。虽为国有企业，但该公司经营惨淡，在 20 世纪 80 年代损失高达数亿美元。为扭转这种状况，巴西政府对该公司进行私有化改造，并确保其持续获得优惠融资。儒利奥·波扎诺（Júlio Bozanno，现为亿万富豪）及其银行在联合投资者中发挥了主导作用，其任命在航空领域毫无经验的商业专家毛里西奥·博特略（Mauricio Botelho）担任公司首席执行官。在董事会的大力支持下，博特略彻底改变了公司的发展方向。在其接手公司之初，公司运营混乱不堪，许多产品线惨遭失败。除保留 50 架喷气式飞机项目以外，博特略终止了其他所有的项目。鉴于加拿大庞巴迪公司（Bombardier）在该市场的主导地位，此举在当时面临着巨大的风险。在彻底重组并获得政府的优惠融资后，巴西航空工业公司很快进入高盈利阶段。20 世纪 90 年代中期，该公司在全球范围的竞争力进一步增强，夯实了其成功的基础。现在，巴西航空工业公司主导着整个地区的喷气机市场，拥有庞巴迪公司无法企及的技术优势。[1] 博特略说："这是一个依靠公司战略获得成功的典型案例，如果战略选择出现失误，公司则会一败涂地。"[2] 在外部导向、私有化和规模化经营三大要素的共同作用下，巴西航空工业公司的市值达到了 50 亿美元。

虽然来自巴西政府的融资支持并不像韩国政府那样具有优势，但大型私人投资者的介入依然能够确保企业的优异表现。

识别市场扭曲程度

薄弱的金融体系致使高效率的企业需要在政府的帮助下才能获得巨额融资，其中的困难包括难以获得银行融资以及不成熟的股票市场，而造成这些问题的原因则是产权体系和信用登记制度的不到位；二者对于保障企业的未来收益至关重要，其发展应以相应的法制环境为基础，而发展中国家在这方面明显不及发达国家。成熟资本市场的缺失制约了新兴市场中高绩效企业的良性成长及其在海外市场的快速扩张。[3]

2014 年，塔蒂亚娜·迪迪耶、罗斯·列文和塞吉奥·施姆克勒分析了 51 个国家的上市公司数据库，发现一个国家中只有少数几家最大的企业发行了证券，而发行债券或股票的企业增长

---

① 克里斯蒂娜·西奥登，《巴西航空工业公司在与庞巴迪竞争小型喷气客机区域市场中获胜》，彭博商业周刊，2013 年 11 月 7 日。

② 拉斯·米切尔，《一家小型飞机制造商的成功》，《财富》杂志，2005 年 11 月 15 日。

③ 发展中国家的一些企业曾经尝试接触海外金融市场，主要的方式是在纽约、伦敦或香港交易所上市。但这些成功上市企业规模已经非常大，且通常是能源类企业或其他资源导向的企业。

速度明显快于其他企业。他们发现，发达经济体的上市公司中，小型企业的发展速度高于大型企业，这表明小型企业在发展过程中受到的限制更多。相反，在发展中国家的上市公司中，大型企业的发展速度最快，表明信贷限制的影响更为广泛，而且可能过多地限制了大型企业的发展。

在大多数发展中国家，股票和债券市场的发展并不充分，这严重阻碍了企业的发展。这一结论与关于企业发展动因的研究文献相吻合。这意味着优秀的企业并不一定会成长为大型企业，从长期来看，这会限制发展中国家的整体经济增长。虽然政府支持的融资和税收激励措施可以帮助有潜力的新兴市场企业更快地发展成为大型跨国企业，但重要的是，这些政策仅可作为补充性的融资手段（而非限制民间融资力量的发展），在金融系统发展到能充分满足市场融资需求后，应及时取消这些扶持政策。

限制非生产性但高收益的商业行为

除了鼓励创业，政府的政策作用还在于限制资源流向不利于提升总体福利的行为。拥有较多继承和金融相关类财富的国家，政府可以通过税收政策加以调整。

征收或提高遗产税

为了降低财富的集中程度，一些国家对大额财富的转让征收继承税和遗产税。[①] 然而，这种税收政策实际上是对绝大多数财富的豁免。例如在美国，40% 的遗产税仅限于对每人 543 万美元以上的遗产征收，只有超过豁免额的遗产才会被征税。韩国实行累进制征收遗产税，对净值超过 30 亿韩元（约合 255 万美元）的遗产征收 10%—50% 的遗产税。2015 年，日本将最高税率从 50% 提高到 55%，并扩大了征收范围。

征收遗产税是否具有经济意义，取决于它是否会扭曲赠予者的生产性行为。反对者认为，遗产税会阻止企业家扩大企业规模，因为创造财富的原始动机之一就是给后代留下更多的遗产。他们还担心，如果继承人没有足够的资金用于缴税和企业运营，企业可能会因创始人的去世而被分拆。遗产税还可能促使企业迁到税率更低的地区，或者采取代价高昂的非生产性避税措施。

目前，前两大顾虑主要停留在理论层面，很少有证据表明遗赠是创始人的主要考虑。事实上，2007 年沃伊切赫·科普刻朱克研究发现，很多富有的老人是在身患重病之后才开始考虑遗产分配问题的。如果创始人已考虑要设置遗嘱，那么遗产税实际上会激励他们更加努力地工作，以便为子女留下更多的税后财富。

目前还没有足够的证据证明遗产税豁免额会严重影响小型企业的发展。有研究发现，1983—1998 年，美国的遗产税豁免政策对创业企业没有显著影响，哪怕是 75 万美元的较低的起征线。

① 遗产税应用于死者的遗产，继承税应用于遗产接受方。为了确保死前的资产转移与死后的转移是一致的，遗产税通常是和赠予税结合在一起。

最后一个忧虑是，大量的资源需求、物流需求、生活方式的选择和其他税收因素都会影响企业的选址。研究表明，税收政策对企业选址存在一定的影响。具体而言，企业所得税的影响远比遗产税要大，对公司总部选址的重要性大于分公司。百慕大之所以成为避税天堂，不是因为有钱人可以规避遗产税，而是因为当地没有设置企业所得税。适度的遗产税不太可能成为企业选址或富人选择居住地的制约因素。

实际上，遗产税也具有激励继承者更加努力工作的积极作用。正如安德鲁·卡内基的名言："给儿子留下巨额财产的父母，会使儿子的才能和热情大大丧失，使他的生活不如白手起家时有价值。"1993 年，格拉斯·霍尔茨－埃金、大卫·焦尔－珐依安和哈维·罗森为这一论断提供了实证依据，他们研究了 1982 年和 1983 年的美国纳税申报数据，发现继承较多遗产的群体更有可能不再工作。

遗产税可以作为收入和再分配的重要来源。21 世纪初，美国的税收额和税收基数都大幅下降。2001 年，遗产额超过 67.5 万美元就要纳税，税率为 55%；到 2015 年，美国政府仅对超过 543 万美元的遗产征税，税率为 40%。这一政策变化导致遗产税税收从 2001 年的 2 160 亿美元下降到 2011 年的 480 亿美元。

世界范围内的遗产税差异较大（见图 10.1）。虽然并非所有的发达国家都在征收高额的遗产税（也有很多富有的国家完全没有征收遗产税，如瑞典和新加坡），但是征收高遗产税的国家

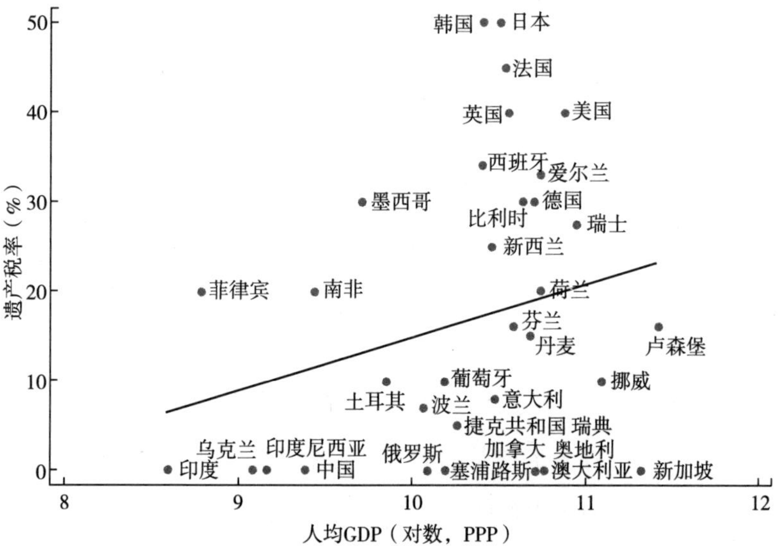

图 10.1　2013 年人均国内生产总值与遗产税率之间的相关关系

PPP = 购买力平价

资料来源：世界银行发布的《世界发展指数》，2013 年国际遗产与继承税指南。

都是发达国家，当然，也有很多发达国家的遗产税较低。

图 10.2 展示了发达国家遗产税占总税收的比例以及继承类富豪的份额。由此可见，历史上征收遗产税更多的发达国家成功限制了继承类的财富。

遗产税可促进慈善事业的发展

遗产税可能带来的额外效益是对慈善事业的促进作用，因为富人会设法在遗产转移之前降低其财富价值。2003 年，弗兰克·多蒂通过分析美国遗产税法的变化来估算税收对慈善事业的影响，他发现，1917 年的遗产税法不允许扣除慈善捐赠，1921 年的法律纠正了这一规定（并追溯至 1918 年），随后在 1917—1921 年，

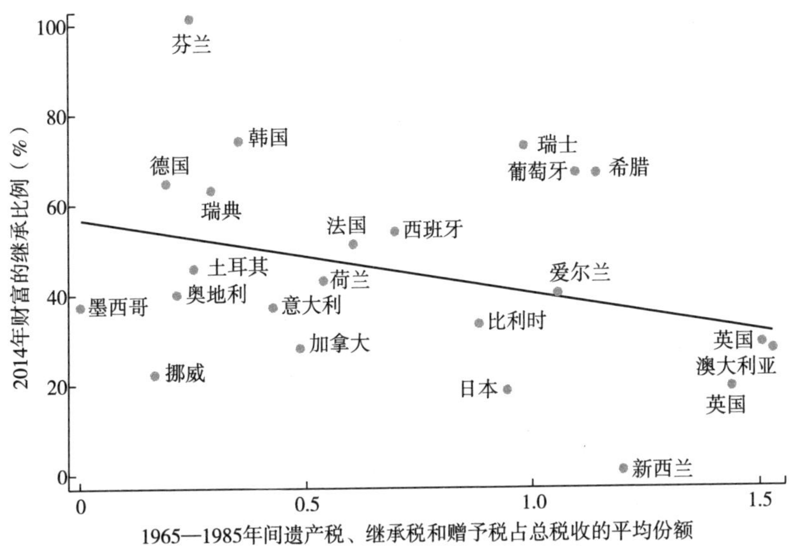

图 10.2　发达国家中财富的继承份额与遗产税税收份额之间的相关关系

资料来源：《福布斯》全球富豪榜，世界经济合作与发展组织收入数据库。

总遗产税税收增加了25%，慈善捐赠增加了3 419%，是该期间初期慈善捐赠的34倍多。这说明，较高的遗产税税率会鼓励有钱人将更多的财产捐赠给慈善机构。

19世纪美国的实业家是最主要的慈善家群体，他们可能是受税收的影响，也可能与他们想留下更多的社会影响有关。19世纪中期，美国首次引入联邦遗产税，起初的税率很低，1902年达到了15%的最高点，直到该法律在1916年被废除，并被现代遗产税法替代。① 在随后的多年中，遗产税税率每隔几年就大

① 即使在申诉期，大部分州政府也可以继续征收遗产税。

幅上调一次，从 1916 年的 10% 增加到 1917 年的 25%，并在 1941 年达到 77%。同一时期，企业所得税和个人所得税的税率也都有所上涨。

慈善事业对于发展的价值很难被量化，但坊间轶事可以证明其重要性。遗产税对慈善事业的激励作用也佐证了这类税收的附加效益。安德鲁·卡内基可能是世界上最有名的慈善家。他于 1919 年去世，当时的遗产税税率是 25%，收入所得税税率最高为 73%。他的基金会建立了 2 500 多个图书馆。一项研究表明，这些图书馆的回报率高达 6 倍：城市每投入 1 美元，图书馆就创造 6 美元的社会回报（匹兹堡卡内基图书馆，2005 年）。在 28 位这样的所谓“敛财大亨”中，至少有 6 位都投入重金以创立或支持知名大学，包括利兰·斯坦福、科尼利尔斯·范德比尔特、安德鲁·卡内基（卡内基梅隆大学）、詹姆斯·布加南·杜克（杜克大学）以及约翰·D. 洛克菲勒和马歇尔·菲尔德（芝加哥大学）。卡内基和洛克菲勒两大基金会到现在仍在持续捐助，以支持社会发展。

20 世纪 50 年代的超级富豪也大力支持慈善事业，部分诱因是美国高达近 80% 的遗产税。石油大亨詹姆斯·查普曼将其 1 亿美元财富捐给了大学（主要是塔尔萨大学）和医疗机构，而只给他的妻儿留下了房产等少量财产。石油大亨休·罗伊·卡伦向休斯敦大学捐赠了 3 000 万美元，向医院捐赠了至少 2 000 万美元。阿蒙·卡特用他的石油财富创建了美国航空公司，致力于发展航空业，并把自己的一半财产捐赠给了慈善基金会。

在欧洲，大规模的慈善捐赠在历史上比较少见，这可能与继承或近亲遗产税有关。1906 年，德国开始征收皇室继承税，但对儿童和其他直系后裔豁免征收。法国对儿童设置的最高税率为5%。英国的遗产税税率最高为8%，直到1907 年增至15%。在欧洲首批设立遗产税的瑞士各州，对直系亲属设置的遗产税税率最高不超过3%。①

目前新兴市场还未达到类似于美国20 世纪初的大规模慈善捐赠，其原因可能在于遗产税税率低、巨额财富出现的时日尚早或文化差异。但有迹象表明，这种状况正在发生改变，尤其体现在移民到有慈善传统国家的富豪身上。

在苏丹出生的英国公民莫·伊布拉欣创立了伊布拉欣非洲领袖成就奖，向那些帮助其国家摆脱战争、促进民主和繁荣的领导人提供500 万美元的奖励；他还加入了“捐赠承诺”计划，该计划的参与者都是世界上最富有的个人和家庭，他们承诺将大部分财富捐献给慈善事业。出生在苏联的美国公民伦纳德·布拉瓦尼克向牛津大学捐赠了1.17 亿美元，建立了布拉瓦尼克政治学院。

近年来，俄罗斯的慈善捐赠有所增长。鲁边·瓦尔达尼安（其净资产约为8.5 亿美元）将其经营了十几年的投资银行Troika 出售，并将财产和精力投入到慈善事业中，专注于教育、基础设施和考古遗址的修缮。他并不认为自己是在做慈善：“传统

① 参考韦斯特对遗产税历史的研究。

意义上的慈善通常意味着一次性的投入，但我积极参与管理决策过程。这如同资本运营……需要承担较大的压力，做出英明的投资决策，但这都是为了慈善事业。”① 据基金会中心（Foundation Center）的统计，到2006年底，俄罗斯的富人已经建立了20多个基金会，其中一些最大的慈善家更倾向于到国外捐赠。

近年来，中国、巴西和印度也出现了慈善捐赠的潮流。Wealth－X从最慷慨、捐赠人数最多、最频繁三个维度，汇总了排名前五的国家在慈善捐赠方面的进展。美国在这三个维度上都排名第一。中国在捐赠人数上排名第三。在慷慨程度上，印度排名第二，中国排名第四。在频繁程度上，新加坡排名第三，中国排名第五。新兴市场国家占全部上榜国家的三分之一。在慈善家中，白手起家的超级富豪比继承类超级富豪占有更大的份额。教育是慈善捐赠最主要的流向。

在一些更小的国家中，慈善事业也有所发展。捷克首富皮特·凯尔纳（Petr Kellner）大力支持教育事业，尤其是低收入家庭的儿童教育，他的基金会Open Gate每年捐赠约500万美元。

资金雄厚的基金会通常与政府的目标不同（有时又相辅相成），② 例如，慈善事业投向教育的比例较高，而政府则更多投向社会安全领域。

---

① 《鲁边·瓦尔达尼安，Troika前首席执行官：一个总发牢骚的乐观主义者》，金融时报，2015年1月4日。

② 有钱人很可能与普通人的偏好不同，他们的慈善捐赠对象也相应有所不同。原则上，政府应对这类捐赠的抵扣进行相应的调整，但是实际执行起来会非常困难。

在许多国家，慈善机构的运作可能比政府基金更有效率。正如安德鲁·卡内基所言："富人比政府更适合管理资本。就遗产税抵扣对慈善事业的积极影响而言，它可能比慈善机构和政府支出创造更多的社会收益。"

对非生产性行为征税

另一个日益受到关注的超级富豪群体是金融行业的富豪。从全社会的角度来看，一些金融活动可能是非生产性的，尤其与工程或计算机科学相比，而金融业的高回报率也吸引了许多顶尖人才。

美国的研究发现，由于金融行业能带来巨大的个人经济收益，所以最有能力的人才从创新行业偏离，流向了金融行业。2009 年，托马斯·菲利蓬和阿里尔·雷谢夫发现，金融行业在 20 世纪 30 年代和 80 年代吸引了大量的高素质职员，但"大萧条"时期银行业监管法规实施期间除外。1990 年以前，受过高等教育（研究生学位）的金融业员工和工程师的工资不相上下。而 1990 年以后，前者的工资增长速度远远超过了后者。

这么多才华出众的人才被吸引到金融行业的现象实在令人担忧。有研究者还担心，那些聪明且赚取高薪的金融业经理们会为了维持其高收入而抬高准入门槛，并认为，金融行业为集聚资源和才智，越来越有能力操纵规则，以巩固自身的优势。

我们将金融行业的财富划分为对冲基金、私募、风险投资、金融、银行、保险、房地产、投资和其他多元化资产以后，可以更清晰地理解上述忧虑。表 10.1 展示了 2001 年和 2014 年发达国家和新兴市场中金融行业白手起家富豪的分布情况。

表 10.1　2001 年和 2014 年，发达国家和新兴市场金融行业白手起家富豪的财富来源（%）

财富来源	2001 年		2014 年	
	富豪的份额	富豪财富的份额	富豪的份额	富豪财富的份额
发达国家				
对冲基金	14.9	11.3	29.5	32.7
私募/杠杆收购	7.5	6.7	1.1	2.3
金融、银行和保险	40.3	50.2	19.5	14.6
风险投资	4.5	1.9	2.6	1.7
房地产	29.8	28.3	30.5	27.5
投资和其他多元化资产	3.0	1.6	16.3	21.2
新兴市场				
对冲基金	4.2	5.6	0.6	0.2
私募/杠杆收购	0	0	0	0
金融、银行和保险	50.0	33.9	25.0	28.5
风险投资	0	0	0	0
房地产	29.2	42.4	48.8	39.0
投资和其他多元化资产	16.6	18.1	25.6	32.3

资料来源：根据《福布斯》全球富豪榜数据计算得出。

新兴市场中，2001 年和 2014 年，金融行业白手起家者所得的财富有所下降，房地产（39%）依然是金融业富豪财富的最主要来源。发达国家的情形则更具多元化特征，来自对冲基金和银行的财富占比明显提高，而私募和风险投资则有所下降。

新兴市场中房地产财富的增加表明，这些国家可能需要实行更高的房地产税、土地改革或更加透明的监管措施。[①] 相关政策应以防范过度风险和确保房地产交易的透明度为目标。在“大萧条”时期以来最严重的金融危机过后，发达国家对冲基金财富比例的增加以及房地产富豪财富的持平表明，这些国家政府政策并未公平分配危机所带来的巨大成本。亚洲金融危机之后，金融业的巨额财富急剧下降，直到今天，其占比仍远低于 1996 年的平均水平。自国际金融危机以来，美国金融行业财富增长的事实意味着金融监管体系改革势在必行。

本章小结

很多超级富豪都投身于推动经济增长、创造就业机会和促进社会发展。他们往往有能力带来制造业和技术上的飞跃。保障创新群体的不断壮大有利于全球经济的增长。对此，新兴市场最急需的政策是建立产权保护制度、降低市场准入门槛、加大对外开放力度以及吸引外商直接投资。此外，充分保障市场竞争也至关重要。

有证据表明，制定和实施促进民营出口商发展的产业政策，有助于培育本土商业领袖，进而促进国家经济的发展。这些政策不同于国家直接参与经济建设，或针对特定行业发展的产业政

① 无论在发达国家还是新兴市场，房地产行业都与金融行业的问题相关。房地产可能是产生金融泡沫的主要原因，对房地产的担忧还包括其交易的特质，即所有权（或者长期租赁）需要政府的许可，这极易催生政治寻租。

策，而是旨在通过促进资源更快流向高效的企业，促进大型企业的创立与成长，从而实现经济的现代化。

有关政策还可以遏制财富向效率较低的领域集聚。在一些国家，巨额财富过度集中在财产继承或金融行业，对此加以限制的最佳途径是设立遗产税以及与金融业务相关的税种。

致 谢

如果没有莎拉·奥利弗（Sarah Oliver）的帮助，本书不可能跟读者见面。她协助整理和分析了书中的很多数据表格，并做了非常细致的编排和归档工作。在完成本书的过程中，我还得到了很多人的帮助，在此一并表示感谢。在写作初期，我从彼得森国际经济研究所高级研究人员的一次演讲中获得了很多启发，当然也包括同事们后来给我的诸多建议，包括：Bill Cline，Tomáš Hellebrandt，Gary Hufbauer，Simon Johnson，Nick Lardy，Paolo Mauro，Marcus Noland，Robert Lawrence，Arvind Subramanian，Ted Truman，Steve Weisman 和 Nicolas Véron。我从该研究所针对本书草稿举办的小组讨论会中获益良多，尤其是同行的评论，包括：Rabah Azrezki，Shanta Devarajan，Simeon Djankov 和 Martha Denisse Pierola。我要特别感谢布兰科·米兰诺维奇（Branko Milanović），他对我的研究给予了非常详细的评价和建议，这些帮助使本书的框架得以最终成形。

我也非常感谢三位审稿同事：Surjit Bhalla，Chang-Tai Hsieh和Aaditya Mattoo。他们都给予了建设性的意见，帮助我在草稿基础上进一步完善书稿内容，他们的建议促使我在一些数据上进行更深入的分析，尽力做到精准无误。一系列的公开演讲也带给我很多有用的建议，这些场合包括国际货币基金组织、世界银行、彼得森董事会会议、彼得森国际经济研究所在北京联合举办的中国金融四十人论坛（CF40）、上海工商界论坛，以及穆迪公司（Moody）在迪拜举办的年会。

我非常感谢彼得森国际经济研究所所长亚当·珀森，感谢他一如既往的支持和高屋建瓴的指导。史蒂夫·韦斯曼（Steve Weisman）在本书写作和出版过程中提供了大力的协助和周密的协调，由Barbara Karni，Madona Devasahayam和Susann Luetjen组成的出版团队对于初稿的校对和润色工作做出了非常突出的贡献。

最后，我衷心感谢伊夫琳·罗斯柴尔德爵士和琳·佛瑞斯特·罗斯柴尔德，感谢他们对本研究项目的无私支持，为研究所“不平等和包容性资本主义”项目提供的慷慨捐款。